Anonymus

Korrespondenzblatt des Vereins für niederdeutsche Sprachforschung

Anonymus

Korrespondenzblatt des Vereins für niederdeutsche Sprachforschung

ISBN/EAN: 9783741172199

Hergestellt in Europa, USA, Kanada, Australien, Japan

Cover: Foto ©Andreas Hilbeck / pixelio.de

Manufactured and distributed by brebook publishing software (www.brebook.com)

Anonymus

Korrespondenzblatt des Vereins für niederdeutsche Sprachforschung

KORRESPONDENZBLATT

DES VEREINS

FÜR NIEDERDEUTSCHE SPRACHFORSCHUNG.

HERAUSGEGEBEN

IM AUFTRAGE DES VORSTANDES.

JAHRGANG 1901
HEFT XXII.

HAMBURG.
NORDEN & LEIPZIG. DIEDR. SOLTAU. 1902.

·Jahrg. 1901. Hamburg. Heft XXII. № 1/2.

Korrespondenzblatt

des Vereins

für niederdeutsche Sprachforschung.

I. Kundgebungen des Vorstandes.

1. Korrespondenzblatt.

Von diesem Hefte XXII an wird der Druck des Korrespondenzblattes nicht mehr in der Fr. Culemann'schen Buchdruckerei zu Hannover, sondern in der Diedr. Soltau'schen zu Norden hergestellt. Es wird daher gebeten, Bemerkungen und Klagen, welche sich auf Versand und Empfang des Blattes beziehen, künftig an letztere Buchdruckerei richten zu wollen.

Die Veränderung hat ihren Grund in der Notwendigkeit einer Vereinfachung der Geschäftsleitung. Die Adressenliste an drei Orten zu führen war zu umständlich und hat unliebsame Irrtümer im Versand veranlasst. Durch die Vereinigung von Druck und Verlag aller Vereinspublikationen in Einer Hand werden solche Versehen in der Folge eher zu vermeiden sein, vorausgesetzt dass die geehrten Mitglieder belieben, etwaige Adressenveränderungen baldigst dem Kassenverwalter Herrn Joh. E. Rabe, gr. Reichenstrasse 11, Hamburg 1, zu melden.

Da uns langjährige Bande der Pietät mit der Druckerei unseres verdienten einstigen Vorstandsmitgliedes Senator Friedrich Culemann verbanden, so hat der Vorstand nur nach langem Besinnen und mit aufrichtigem Bedauern das Geschäftsverhältnis gelöst, zumal da der Nachfolger, Herr K. M. Leonhardt, das Interesse des Vereins stets so wahrgenommen hat, dass der Vorstand sich ihm zu warmem Danke verpflichtet bekennt.

---

2. Veränderungen im Mitgliederstande.

In den Verein eingetreten sind die Herren:

Dr. Liesau, Bremen.
Hugo Weber, Beamter, Hamburg.
Otto Steinbach, Gymnasial-Oberlehrer, Bielefeld.
Friedrich Kohn, Rechtsanwalt, Dortmund.
B. Moormann, Gutsbesitzer, Werne a. d. Lippe.
Herm. Voisch, Amtmann, Bork a. d. Lippe.
Wynen, Bürgermeister, Werne a. d. Lippe.
Dr. Karl Helm, Privatdocent, Giessen;
die Nassauische Landesbibliothek zu Wiesbaden und
der Plattdeutsche Verein Quickborn zu Kiel.

Der Verein betrauert den Tod seiner Mitglieder, der Herren
Geh. Hofrath Dr. Bolten, Rostock.
Pastor F. J. E. Vett, Hamburg.
Kaufmann J. Wiengreen, Hamburg.
Kaufmann J. F. Goldschmidt, Hamburg.
Geh. Reg.-Rath Prof. Dr. Karl Weinhold, Berlin.

---

3. Kassenbericht für das Jahr 1900,

erstattet in der Generalversammlung zu Dortmund am 30. Mai 1901.

Einnahme.

Barsaldo am 1. Juni 1900		Mk. 141.02
347 Mitgliederbeiträge, einschliesslich Restanten und Mehrzahlungen		„ 1747.—
Ueberschüsse aus den Publikationen des Vereins		
a. Jahrbuch und Korrespondenzblatt, alte Jahrgänge	Mk. 126.59	
b. Denkmäler, Wörterbücher, Drucke und Forschungen	„ 57.18	
		„ 183.77
Erlös aus dem Verkauf von Doornkaat Koolman's Wörterbuch, bisher separat verwaltet und jetzt laut Vorstandsbeschluss mit dem Vereinsvermögen verschmolzen		„ 1057.32
		Mk. 3129.11

Ausgabe.

Jahrbuch 24 und 25.		
Versandt 665 Exempl.	Mk. 1596.—	
Versendungskosten	„ 103.70	
		Mk. 1699.70
Jahrbuch 26. Honorar		„ 308.50
Denkmäler. Honorar		„ 250.—
Generalversammlung, Druckkosten und Portoauslagen		„ 108.46
		Mk. 2366.66

Einnahme	Mk. 3129.11
Ausgabe	„ 2366.66
Verbleiben	Mk. 762.45

Hiervon sind Mk. 750 dem Sparkassenbuch hinzugefügt, sodass in Kasse ein Barbestand von Mk. 12.45 verbleibt.

Das Guthaben des Vereins in der neuen Sparkasse zu Hamburg betrug laut Buch 55083 am ersten Juni 1900	Mk. 4588.94
gutgeschriebene Zinsen per 30. Juni 1900	„ 157.15
neu belegt (siehe vorstehend)	„ 750.—
Gegenwärtiges Guthaben	Mk. 5496.09

Hamburg, Ende März 1901

Joh. E. Rabe,
Kassenführer des Vereins für niederdeutsche Sprachforschung.

4. Abrechnung und Bibliotheksbericht der Dr. Theobald-Stiftung,

abgestattet in der Versammlung des Vereins für Hamburgische Geschichte am 25. März 1901.

a. Abrechnung

für den Zeitraum vom 1. Mai bis 31. December 1900.*)

Einnahme.

Saldo der Sparkasse	Mk.	455.11
Kassensaldo	„	212.20
Zinsen der Staatspapiere	„	87.50
Zurückerstattung einer im Jahre 1898 irrtümlich geleisteten Ausgabe	„	23.25
	Mk.	778.06

Ausgabe.

Bücher und Zeitschriften	Mk.	124.53
Buchbinder	„	82,00
Postgebühren	„	2,05
Saldo der Sparkasse	„	455.11
Kassensaldo	„	114,37
	Mk.	778,06

Da die Abrechnung diesmal kein volles Jahr betrifft, so sind die Zinsen der Sparkasse nicht zu verzeichnen.

Das Stammvermögen der Stiftung — Mk. 5000 — ist in Hamburgischer 3½ procentiger Staatsrente angelegt. H. J. Jänisch, Dr.

b. Bibliotheksbericht.

Der Bericht über das Jahr 1900 kann kurz gefafst werden. Es ist kein Buch ausgeliehen worden. Der Bestand hat sich um 26 Bücher vermehrt, sodafs die Bibliothek 643 Nummern oder circa 1200 Bände umfafst. Der Platz in den beiden zur Aufstellung dienenden Schränken reicht nicht mehr, so dafs die Stiftung auf Beschaffung neuer Repositorien wird bedacht sein müssen.

An Geschenken sind mit verbindlichem Danke zu verzeichnen: De Haan Hettema, Frieske, Hilgelnonner en Noardfrieske Rymkes. Docoem 1841. — Nachträge zur Geschichte der Greifswalder Kirchen und Klöster, Heft 3, von Prof. Dr. Theodor Pyl. Greifswald 1900. Vom Herrn Verfasser. — Johan Winkler, Studiën in Nederlandsche Namenkunde. Haarlem 1900. Vom Herrn Verfasser. — Volks- und Kinderreime aus Lübeck und Umgegend, gesammelt von Prof. Colmar Schumann. Lübeck 1899. Vom Herrn Verfasser. — Jahresbericht XIV des Histor. Vereins für die Grafschaft Ravensberg. Bielefeld 1900. Vom löblichen Verein. — Richard Wossidlo, Mecklenburgische Volksüberlieferungen. Bd. II: Die Thiere im Munde des Volkes. Theil I. Wismar, Hinstorff'sche Hofbuchhandlung, 1899. Von der löblichen Verlagsbuchhandlung. — W. A. Quitzow, Hanne Müller un sin Mudder. Th. I. II. Leipzig, Koch, 1877/8. Hamburg, G. Holst. Von Herrn G. Kowalewski in Hamburg. — Korrespondenzblatt

*) Das Verwaltungsjahr des Vereins für Hamburgische Geschichte und somit auch der von ihm verwalteten Dr. Theobald-Stiftung lief bisher von Mai bis Ende April, fällt aber von 1901 an mit dem bürgerlichen Jahr zusammen.

des Vereins für fiebenbürgifche Landeskunde, hrsg. v. Dr. A. Schullerus. Jgg. XXIII. Hermannftadt 1900. Vom löblichen Verein. — New-Yorker Plattdütfche Poft. Jgg. IV, 1886, Nr. 5 (von Herrn Rud. Schuitger in Hamburg) und Jgg. XVIII, 1900, Nr. 1 (von Herrn M. Börsmann in Hannover). — Feftfchrift dem hanfifchen Gefchäftsverein und dem Verein für niederdeutfche Sprachforfchung dargebracht zu ihrer Jahresverfammlung in Göttingen Pfingften 1900. Göttingen 1900. Von Herrn Dr. H. Nirrnheim in Hamburg. — De truge Husfründ. Plattdütfche Wochenfchrift. Stralfund, Fritz Worm. Vom Jgg. II, 1899—1900, 19 Nummern und vom Jgg. III, 1900—1901, 10 Nummern mit Beiträgen des Herrn Otto von Arend in Hamburg. Vom Herrn Verfaffer. — Joh. Mathias Seling. Sein Leben und fein Streben zur Linderung der fozialen Not feiner Zeit. Von Dr Franz Joftes. Mit einem Bildnis Selings und einer Auswahl aus feinen Gedichten. Münfter i. W. 1900. Verlag der Afchendorff'fchen Buchhandlung. Von der löblichen Verlagsbuchhandlung.

C. Walther.

II. Mitteilungen aus dem Mitgliederkreife.

1. **Lobbe, lubbe, luffe** (XXI, 90).

Sollte das von Sprenger befprochene Wort »luffe« nicht mit »lobbe, lubbe« (Mnd. Wb. 2, S. 710) zufammenhängen? Und was ift die eigentliche Bedeutung des Letztern, etwa das Formlofe, Ungeftalte, Ungefchlachte? Dafs eine beftimmte Geftalt das Namengebende fei, fcheint mir nicht annehmbar, auch nicht bei »luffe«.

»luffe«, Weizenbrot aus grobem (ungebeuteltem) Mehl, nach ten Doornkaat Koolman ziemlich grofs und flach, nach Schambach länglich, nach Campe (3, S. 160), wenigftens in Braunfchweig, länglichrund.

»luffen«, die Erzeugniffe des erften groben Erzguffes, Geftalt unbekannt.

»lubben«, Dachfchindeln (Nemnich, Neues Waaren-Lexikon 1, S. 654).

»lobbe«, Stockfifch, der Gröfse nach unterfchieden als »koningeslobben« und »gemeine lobben« (Bruns, Die Lübecker Bergenfahrer und ihre Chroniftik S. LXXII), auch »lubbe« (z. B. Hanserecelfe II, 1, 381 § 34); im Wappen der Lübecker Bergenfahrer (abgebildet in der Zeitfchr. f. Lüb. Gefch. 2, Taf. 1), doch nicht ganz korrekt (Bruns, S. CXV Anm. 4); dazu die Bemerkung: »Schon das Abfchneiden des Kopfes kennzeichnet den ausgenommenen Fifch als Stockfifch. Wir nennen ihn *lobbe*, ein Ausdruck, welcher das unförmlich dicke Vorderteil des Stock- und Rundfifches charakterifiert. Sonft kommt *lobbe* vor für einen grofsen Hund mit hängendem Maule, für dicke Halskraufe, für einen plumpen Kerl« (Mantels, Ztfchr. f. Lüb. Gefch. 2, S. 549 Anm. 13).

»lobbe«, Handkraufe, infonderheit die lang hangenden Frauen-Manfchetten, in Osnabrück »lowwen«, früher auch Halskraufe (Brem. Nf. Wb. 3, S. 76—77). Im Buch Weinsberg (Höhlbaum 2, S. 374) heifst es »oben umb und vor ein wenich sicht man eiz nit dan grois krause lobben, gekreuset ingelesen wie wolken, darin wirt der meist pracht der hemder eiz getriben. Von zu wambismauwen sigt man bei mir teglichs kein lobben, dan ein oder zwein staithemder gebrauch ich zu den ehren, neigst den henden mit lobben« und (S. 375): »der krach darvon bedeckt das hemt ohn die lobben«. Bekannt ist die Stelle bei Laurenberg: »Ehr noch de groten lubben quemen vor den dach, ... Men do de dicken lubben würden so gemeen, Dat se ūm oren hals wold dragen ideroen (Braune v. 611. 621. 622; vgl. Brem. Nf. Wb. 3, S. 77; Schiller-Lübben 2, S. 710).

»lobbe«, m., ein grober ungeschlachter Mensch (Dähnert S. 281); »lobbes«, Schimpfwort auf einen groben ungeschickten Menschen (Brem. Nf. Wb. 3, S. 77). »lubbe«, ein grober, ungeschickter, fauler Mensch (das. 3, S. 92). »lobbe«, m.: »he hett dor enen lobben lopen laten«, er hat da einen groben Streich begangen (Dähnert S. 281), kann aus dem vorhergehenden »lobbe«, m., nicht verstanden werden; gehört es zum folgenden?

»lobbe«, Hannoversch, ein grosser Hund, vermutlich [?] wegen des hangenden Mauls (Brem. Nf. Wb. 3, S. 77).

»lobbe«, dicke Lippe (Br. Nf. Wb. 3, S. 1 u. 77), gehört wohl nicht hierher, sondern zu »labben«. Das 'vermutlich' in der vorhergehenden Erklärung beruht wohl nur auf diesem Wortbegriff und auch die Wirtshausbezeichnung »in den dikken lobben« (das.) geht wohl nicht auf einen Mann mit dicken Lippen, sondern auf einen Stockfisch (im Wirtshausschilde) zurück, wie in Lübeck seit 1716: »der Bergfahrer zunfthus, de grote lobben genöhmet« (Bruns, Die Lübecker Bergenfahrer und ihre Chronistik S. 232 Anm. 1). Campe (3, S. 1) verzeichnet »labbe« f., 1. Lippe, 2. Name eines Fisches mit dicken Lippen, Grofslabbe (Mugil circa labia rubescens Richt.), 3. Art Möven, Strandjäger (Larus parasiticus L.).

Beiläufig verweise ich auf meine Besprechung der Mollwo'schen Edition des Handlungsbuches von Hermann und Johann Wittenborg (Hans. Geschsbl. 1900), wo ich bemerkt habe, dafs die Stelle: »en wingeren (= vingeren, Ring), dat heft enen lobben (Stockfisch)« die Erklärung bringe für: »twe smaragdus unde ok ene lobbe soffyr« (Mnd. Wb. 2, S. 710).

Rostock. K. Koppmann.

---

2. Beiträge zu früheren Mitteilungen.

1. Beim Flötenmachen gesungen zur Löfung des Bastes (XXI, 85, 2).

Au vielen Orten des Amtes Wolfenbüttel wird gefungen:

Plockfloitje watt 'e gahn,
Ick will dick in de Dören flahn,
Dören schüllt dick ftäken,
Raben schüllt dick fräten.
Kamm de ole Hexe
Mit'n brei'en Mefte,
Sneit Hals af, Bain af,
Köttel vor'en Marfe af,
Biff, baff, knack af,
Awwe, awwe fchaft 'e fäin,
Säin, fäin, fäin, fäin!

Während dieses Gefanges wird mit dem Griffe des Tafchenmeffers der vorher in der Form, die die »Plockfloitje« bekommen foll, gefchnittene

Plock (von salix alba) geklopft. Ist am Schlusse des Gesanges die weiche Rinde noch nicht los, so »well et nicht mehr lechten« (loslassen, nur von Baumrinde), ist es schon zu spät in der Jahreszeit, und die Kinder wenden sich andern Spielen zu.

2. Zur Unterhaltung der Kinder (XXI, 85, 3).

De Wind dei waiet,
De Hahne dei kraiet.
De Vofs satt up'm Tune,
Plücke gäle Plumen.
Ick sä, hei schöll mick aine geben;
Sä, hei woll mick Steine geben,
Steine will ick der Strate geben,
Strate schall mick Eere geben,
Eere will ick en Lanne geben,
Land schall mick Stroh geben,
Stroh will ick der Mukkau geben,
Mukkau schall mick Melk geben,
Melk will ick der Kettje geben,
Kettje schall mick Muise fengen,
Dei will ick boben in 'n Schostein hengen.

3. Jakob und Isaak (XXI, 86, 6).

Jakob un Isaak
Hetten sick um'm Twiback.
Jakob beit tau, beit Isaak'n in'n Schau.
Isaak beit wädder, beit Jakob'm in't Lädder.
Jakob beit dukler, beit Isaak'n in de Schukler
(oder: in'n Snukler [penis]).

4. Prieche (XXI, 87).

Im Gebiete der ostfälischen Mundart ist der Ausdruck nicht allein sehr gebräuchlich, sondern sogar die einzige Bezeichnung für Kirchenempore. Ebenso ist priechen der alleinige Ausdruck für schweres Atmen infolge sehr anstrengender Arbeit oder sehr grofser Fettleibigkeit. Das schwere Atmen infolge raschen und anhaltenden Laufens heifst jischen.

5. Fidikâns (XXI, 89).

Fidikân heifst im ostfälischen foudichkann.

In's Hochdeutsche scheint es hier erst später übernommen zu sein und heifst hier fast ebenso, fidigkann.

6. Rutenûtspeler (XXI, 90).

Route heifst in mehreren Oertern der Wesergegend carreau im Kartenspiel. Ein Routenutspeler würde demnach einer sein der routen oder schellen beim Kartenspiel ausspielt. Eine andere Bedeutung ist hier gänzlich unbekannt, obgleich auch die Fensterscheiben hier »Routen« heifsen.

7. Luffe (XXI, 90).

»Luffe« ist ein Gebäck aus »büllen« (der minderwertigsten Sorte des Weizenmehles), Mehl ohne Zusatz von Milch (nur mit Wasser zu Teig gemacht) hergestellt.

Plattdeutsch femininum, hochdeutsch masculinum.

8. Horenseggen (XXI, 91).

Nach meinem Dafürhalten ist die Sprenger'sche Ansicht die richtige. »Ick häww 'et blot von hörensäggen« ich will nicht behaupten, dafs es genau so ist, wie ich es erzählt habe, sowie dafs es überhaupt wahr ist. In der Bremer Mundart heifst Glück noch heute Gluck, wie dort die Umlaute fast nicht vorhanden sind (vgl. W. Rocco's Vor veertig Jahr). Die Doornkaat Koolman'sche Ansicht wird hier von niemand vertreten, wie ich aus sehr zahlreichen Nachfragen weifs, der mit den Intimitäten der Mundart nur einigermafsen bekannt ist

9. Wen't Kermes efs (XXI, 91).

In meinen Kinderjahren (1846—54) sangen wir:

Wenn't Ostern (Pingesten) is, wenn't Ostern is,
Denn flacht't müin Va'er en Bock.
Denn danfse wüi, denn danfse wüi,
Denn kräi 'k en nüien Rock.

Niemals aber habe ich mehr gehört und bin deshalb der Meinung, dafs es weitere Strophen nicht giebt.

10. Upbinden (XXI, 90).

»upbinnen« kenne ich nur in den Redensarten:

»Laat dick nist upbinnen«, »eäne hätt se wäer wat upebunnen« »datt is'n Dämel, däne binnet se allebott wat up, dai Dummerjahn löst allens« »Bind mick emal mäine Schörte (Schau) up.« Das Losbinden der Hunde heifst fast immer »losmaken« hin und wieder »losbinnen«, bei Kühen auch »outbinnen«, hauptfächlich wenn der Hirte bläst: »Bind hille de Kaie out!«

Braunschweig. Th. Reiche.

---

3. Volksüberlieferungen aus Wiedenfahl (vgl. XXI, 72 ff. 84 ff.).

(1.) Ueber Wiedenfahl (1901).

Wiedenfahl, platt Wienfaol, hat seinen Namen zum Teil von dem in der Mitte des Orts befindlichen Teiche, dat saol genannt, so dafs jemand, der Freud am Vermuten findet, sich denken mag, die Bedeutung des Ganzen könnte vielleicht Wald-, Weiden- oder Heiligensee sein.

Neben der Pfarre lag einst der Edelhof. Einer der edlen Herrn, die dort gehaust, ist wohl ein grimmiger Kerl gewesen, denn es heifst, er habe aus Aerger über einen Hahn, der oft über die Hecke flog und im adeligen Garten kratzte, seinen Nachbar, den Pastor, mausetodtgeschossen.

Draufsen, wo jetzt die alte Windmühle ihre Flügel dreht, hat vor Zeiten ein Schlofs gestanden. Es ist lange verschwunden, nur der Brunnen blieb später noch sichtbar, bis schliefslich das Gras darüber wuchs. Als die drei Frölen, denen das Schlofs gehörte, nach Bockeloh zogen, schenkten ſie ihr Land, die wiäme, der Pfarre, den Wald der Gemeinde. Dafür muſsten die Wiedenſahler eine Abgabe in Geld entrichten. Mal lieſs ſich der Mann, der es hob, mehre Jahre nicht blicken. Dem damals regierenden Burgemeiſter kam es bedenklich vor, wenn es ſo weiter ginge und dann die Summe auf einmal gefordert würde. Drum ging er los, um ſich perſönlich deshalb zu erkundigen. In Bockeloh, wo die Sache bereits gründlich vergeſſen war, hat man ihn ſehr gelobt und freundlich entlaſſen mit der feſten Verſicherung, daſs die Rückſtände eingezogen und die Abgabe wieder regelmäſsig geholt werden ſollte, was denn auch pünktlich geſchah.

Nicht weit von der Wiedenſahler Grenze zieht ſich im Schauenburger Walde der Schanzgraben oder Druſenwall hin. Eine Stelle, an der er doppelt iſt, nennt man den Pferdeſtall. Rückten nun die Schlüſſelburger von der Weſer her, wie ſie öfters thaten, zum Sengen und Plündern aus, dann zogen ſich die Wiedenſahler hinter den Wall zurück, und regelmäſsig eilte ihnen der tapfere Ritter von Bückeburg mit ſeinen Leuten zu Hülfe. Die Wiedenſahler waren nicht undankbar. So oft die gnädige Frau in Wochen kam, brachten ſie ihr Eier und junge Hähnchen. Was aber gutswillens geſchah, wurde ſpäter ein Zwang. Die Eier und Hähnchen muſsten nach Bückeburg geliefert werden, ob die Gnädige in Wochen war oder nicht. Bis um die Mitte des letzten Jahrhunderts iſt die Verpflichtung inkraft geblieben.

Die Zeit kramt alles um; nur thut ſie es in abgelegener Gegend etwas ſpäter als anderswo.

Erſt mit den zwanziger Jahren verlor ſich der Brauch, in der Hespe, einem Fahrweg zwiſchen zwei Hecken, die Schweine von gemeindewegen durchs wilde Feuer zu treiben.

Noch zu Ende der dreiſsiger oder anfangs der vierziger Jahre ſah man das Halseiſen, als Wahrzeichen einſtiger Buſsen, am ſteinernen Kirchhofsthor.

Alle ländlichen Häuſer waren mit Stroh gedeckt. Ueber dem offenen Heerde unter der oosten*) hing der Keſſel oder ſtand der Topf auf dem Dreifuſs. In der Döntzen am drehbaren Holzarm ſchwebte abends der Krüſel mit Thran gefüllt.

Noch immer wurde der Tabak, dreiſsig Pfund für 'n Thaler, auf dem Wiedenſahler Jahrmarkt von den Landsberger Bauern verkauft. Noch immer holten ſich die Groſsväter aus dem Wald ihren tunder und dörrten und klopften ihn tüchtig, damit er gut Funken fing.

So war es einmal. Jetzt ſind es »geſchichten ut oler welt«.

(2.) Spukedinger (1850).

Bei der Steinſtiege in den Wieſen lieſs ſich, wenns dunkel wurde, beſonders bei Mieſterwetter, der Gutenabend vernehmen. Wer ihn hörte,

---

*) Dăi oosten, die Ooſte iſt ein hölzernes, horizontal von der Brandmauer vortretendes Schutzdach gegen die aufſteigenden Funken. Würſte, Schinken, Speckſeiten ſchwebten frei im Dampf an einem Querbalken des Hauſes. Nur einmal ſah ich über der Ooſte einen Gitterverſchlag, hab aber nicht gefragt, wie das Ding hieſs.

Das Wort wieben kenn ich nur in zwei Verbindungen: heunerwieben = Hochſitz der Hühner; bummelwieben = Wurſtkrone. Dieſe hängt auf der Rauchkammer, die ſelbſtverſtändlich in den alten weſtfäliſchen Bauernhäuſern ohne Schornſtein nicht vorkommt. W. B.

ging stillschweigend weiter, so schnell er nur konnte. Mal indess kam ein betrunkener Kerl an die Stelle. Gudenabend gudenabend! sagte plötzlich eine Stimme dicht neben ihm. Dank heft! gab er zur Antwort. Up dat woord hew eck nu all hundert jahr elurt! rief der Gutenabend und blieb weg seit der Zeit. Der Kerl, dem dies passierte, meinte nachher, sein Dampf wäre ihm dabei doch schnell von der Nase gegangen.

Einst ging ein Mann durchs Holz, da rief wer Oweh oweh! aus der Erde. Was is denn oweh? fragte der Mann, worauf ihm gesagt wurde, er möchte herunter kommen, es stünden drei Pullen da, wenn er denen die Pröppe abzöge, sollt es sein Schaden nicht sein. Der Mann that, wie ihm gesagt war, und als er nachhaus kam, stand ein Kessel voll Gold hinterm Ofen.

Ein lustiger und dreister Schuster, der auswärts gearbeitet hatte, ging abends spät überfeld zurück. Auf einmal wurde was hoch in der Furche. Wen hat de düwel denn dar? fragte der Schuster. Im selben Augenblick ging ein langer Kerl an seiner Seite, der hatte einen grünen Jägerrock an und einen dreitimpten Hut auf, und auf jedem Timpen brannte ein Licht. No! sagte der Schuster, wenn der Kerl ihm zu nahe kam, und gab ihm dabei jedesmal einen Rippenstoss. Erst gegen Morgen flog der Spuk weg als feueriger Klumpen, so dick wie ein eiserner Pott. Der Schuster aber hat nie wieder laufen können seitdem.

Ein Bauer hatte einen falschen Eid geschworen wegen der Grenze. Dafür musste er nach seinem Tode im Kampe umgehen als feuriger Mann. Die Flammen schlugen ihm rund ums Leib herum aus dem Hosenqueder heraus. Sein Nachbar hat ihn eines nachts ganz in der Nähe besehn und wollte dann still wieder umkehren. Aber sofort hing sich ihm der feuerige Kerl auf den Nacken, und so hat er ihn schleppen müssen bis dicht vor die Hausthür. Bald hernach bekam der Nachbar eine zehrende Krankheit und starb daran.

Eine Frau hat keine Ruhe im Grab gehabt. Sie spukte im Stall und ritt und plagte die Pferde. Man brachte sie ins Ellerbruch auf jenseit der Güle. Sie kriegte eine durchlöcherte Fülle und einen Kessel ohne Boden mit; und nicht eher darf sie wiederkommen, bis sie den Kessel voll Wasser hat.

Der alte Feldscher, meinte man, wäre glücklich begraben geworden. Die Leute kamen vom Kirchhof zurück. Aber sieh da, der alte Feldscher guckte schon wieder aus der Giebelluke seines Hauses heraus und lachte dazu. Für die Erben war das nicht angenehm. Man schickte zum Pastor. Er sprach den Geist an und verwies ihn zur Ruhe. Es half nur nicht. Man musste die Paters aus Minden holen, die verstanden es besser. Die haben den alten Feldscher in einen kupfernen Kessel gebetet, und dann sind sie mit ihm quer durch die Hecke gefahren und haben ihn hinter der Ils ins Hustener Bruch gelegt. In der Hecke hat aber nie wieder was wachsen wollen.

Wer im Hustener Bruch einen Keffel findet, foll ihn ja liegen laffen. Eine Frau fand da mal einen, der noch ganz gut war, und fie freute fich und trug ihn nachhaus und hängte ihn über das Feuer, um Bükewaffer drin heifs zu machen. Inzwifchen fah fie im Stall nach den Schweinen. Es war ein fchöner Schreck, den fie kriegte, als fie zurück kam. Aus dem Waffer, das grad im beften Kochen war, ftieg ein alter Kerl in die Höhe, in Schlafrock und weifser Timpelmütze, und fetzte fich auf den Rand des Keffels und rauchte gemüthlich eine irdene Pfeife. Da hat fich die Frau beeilt, den Keffel wieder hinzutragen, wo er gelegen hatte.

Den alten Apotheker X., weil er das Spuken nicht liefs, haben fie fchliefslich über die Ils ins Darlater Holz gebracht. Dort ift er in einen Baum gebannt. Noch jährlich müffen ihm feine Nachkommen ein Bund Stroh liefern, fonft kommt er wieder. Als mal Arbeiter da ihr Vefperbrod afsen, rief einer zum Spafs: Aftäiker, kumm un et mee, wenn de wutt! Da entftand, obgleich fich fonft nirgend ein Blättchen rührte, in dem Baum, worunter fie fafsen, ein fo furchtbares Saufen, dafs fie fchnell wegliefen, denn fie hatten Angft, dafs er umfiel.

(3.) Ueber Hexen (1850).

In alter Welt gab es noch Viele, die Künfte konnten; feit aber der alte Fritz das Hexen verboten hat, ift es feltener geworden, und das ift auch nur gut.

Wenn damals ein gewiffer Karren vor einem Haufe ftand, dann wufste man, es follte wieder Eine an die Wefer gefahren werden, um zu fehen, ob fie oben fchwamm.

Mal war eine Hexe, die melkte an einem hölzernen Ständernagel in ihrer Küche des Nachbars Kühe aus. Sie that immer fehr fromm; wie das Gericht fie abholte, fang fie gerade ein geiftliches Lied. Man warf fie zur Probe in die Wefer. Da kam ein Rabe geflogen und brachte ihr eine Nähnadel ftatt der Eifenftange, die ihr der Teufel verfprochen hatte. Die Hexe fchwamm. Als der Schinder fie wieder wegfuhr, rief der Kerl, der fie angezeigt hatte: Na, Anneke, wie gefiel dir das Bad? Für das Wort mufste er drei Tage fitzen.

Eines Morgens wurde eine Frau als Hexe feftgenommen. Ihre Töchter, die bisher noch nichts gemerkt hatten, verfluchten fie deshalb. Scheltet nicht, fagte die Alte; ich habe vom Teufel fchon Schläge genug gekriegt, weil ich euch das Hexen nicht lehren wollte, als ihr noch Kinder wart. Meine Mutter war fchlechter als ich.

Eine Frau hiefs die **Müfemakerfche** fo lange fie lebte. Nämlich, in ihrer frühften Kindheit konnte fie aus Bratbeeren fchon Mäufe machen. Das hatte fie von ihrer Grofsmutter gelernt. Aber es waren immer nur Mäufe ohne Schwänze.

Wer einen verdächtigen Apfel effen will, foll dreimal ftillfchweigend ausfpucken vorher. Ein kleines Mädchen verfäumte das. Sie mufste lange liegen, bis sie schliesslich eine Kielspogge ausbrach; die blieb erst noch auf der Bettdecke sitzen und sah sich ordentlich grall um, als wenn sie sagen wollte: Ja siehste, so bin ich. Dann buckte sie weg und verschwand.

In Abwesenheit einer Frau, die mehr Garn spinnen konnte, als andere Leute, fand die Magd auf dem Spinnrad eine dicke schwarze Fliege und warf sie auf den Mist. Darüber war die Frau, als sie wiederkam, sehr erschrocken. Sie lief hinaus und rief freundlich lockend:

Use maged unverwiäten (unbewusst)
hat di ut'n huse smiäten.
Kumm, lerche, kumm.

Da setzte sick das schwarze Deert wieder hin, wo es gesessen hatte.

Eine andere Hexe, wenn sie ihren Teufel her haben wollte, rief:
Herodianna, Herodianna!

Einem Manne war gesagt, seine Schwiegermutter sei eine Hexe. Um zu sehen, ob es wahr wäre, zwang er sie, ihm in der Mainacht bei der Grützemühle mit dem Krüsel zu leuchten. Punkt zwölf läfst sie das Licht sinken und wird stocksteif. Er giebt ihr eine Ohrfeige, dass sie umfällt. Da ist's ein alter Weidenstrunk. Den andern Tag lag sie krank zubett. Ihr Schwiegersohn zeigte sie beim Gericht an, und sie wurde verbrannt.

In der Mainacht versteckte sich ein Junge hinter den Heerd und sah zu, wie seine Wase den Besen salbte. Mit den Worten

Awer hagen un tüne

ritt sie zur Thüre hinaus. Der Junge macht alles nach, nur hat er nicht genau zugehört. Er sagt

Dör hagen un tüne

und so kommt er ganz klaterig auf dem Blocksberge an, wo er sich in einem Gebüsch verkriecht. Die Hexen tanzen und trinken. Der Junge steckt sich heimlich ein Weinglas mit goldenem Fuss in die Tasche. Die Braut seines Vetters ist ebenfalls da. Sie wird geschlachtet und aufgegessen. Der Junge nimmt eine Rippe weg, die fehlt nachher, als man die Knochen sammelt. Denn muss es auch ohne das gehn, hiess es, und das Mädchen wurde wieder lebendig gemacht trotz der fehlenden Rippe. Für die Rückreise kriegte jeder ein Thier zum Reiten. Der Junge kam auch herzu. Junge, Junge, sagte seine Wase, wie willst du wieder nach Hause kommen? was zuletzt stehen bleibt, da setze dich drauf; aber kein Wort darfst du sprechen. Es war ein jähriges Kalb, was er kriegte. Unterwegs sprang es mit einem einzigen Satze über einen breiten Strom. Das war 'n Satz für ein jähriges Kalb, rief der Junge. In demselben Augenblick lag er auch schon unten auf der Erde. Sein schönes Glas war nur noch ein alter Pferdehuf, und sechs Wochen musste er marschieren, bis er wieder zurück in die Heimath kam.

Das Rettungsrätsel einer Hexe lautete folgendermassen:

Up'n bome satt eck,
ungeboren flüisch att eck,

bartläiv lüchte mi
un doch grüode mi.

Sie gab als Löfung an, dafs fie nicht blofs eine fchwangere Frau umgebracht hatte, fondern auch Herzlieb ihr eigenes Kind, deffen Fett fie zum Brennen benutzte.

(4.) Von Zwergen (1850).

Die Zwerghütchen.

Als eines Abends ein Schäfer bei feiner Heerde auf dem Felde lag, fah er viele ganz kleine Zwerge, die riefen in ein Erdloch hinein:

Smiet häutken herut,

und jeder kriegte ein Hütchen herausgeworfen, und wenn er es auffetzte, wurde er unfichtbar. Das gefiel dem Schäfer. Er rief auch in das Loch:

Smiet häutken herut.

Da rief es von innen: Is näine mehr
aus den grotevaar sin häot.

Aber der Schäfer antwortete: Is ok all göot.

Und das traf fich auch günftig, denn der gröfsere Hut war für den dicken Kopf des Schäfers grad paffend. Im Dorf war Hochzeit. Da gingen die Zwerge hin, und der Schäfer ging mit, und weil fie keiner fehen konnte, afsen und tranken fie, fo viel fie nur wollten. Nun hätten die Zwerge ihrem Grofsvater feinen Hut dem Schäfer gern wieder abgenommen. Sie konnten nur nicht dran reichen. Da beredeten fie den Schäfer, er follte fich doch über die grofse Schale mit Reisbrei, die auf dem Tifche ftand, zum Spafs mal in die Hurke fetzen, und wie er das that und fich klein machte, fchnupp, riffen ihm die Zwerge den Hut weg, fo dafs er plötzlich dafafs in feiner Blöfse vor den Augen der Hochzeitsgäfte. Und fo 'ne Tracht Schläge, wie da, meinte der Schäfer, hätt er vorher noch nie gekriegt.

Der alte Rune (Wallach).

Mal wohnten Zwerge unter einem Pferdeftall. Alles ging gut im Haufe, bis der Bauer den alten Runen kaufte. Mehrmals beklagten fich die Zwerge, der alte Rune ftände grad über ihrer Kammer, und da liefe immer die Jauche durch die Decke und den Kindern ins Bett; ob fich denn das nicht ändern liefse. Aber der alte Rune blieb ftehen, wo er ftand. Bald hernach find die Zwerge fortgezogen und verfchwunden und mit ihnen das Glück und der Wohlftand des Haufes.

Das kleine Patchen.

Wenn du 'n Kind krigst, denn will eck vadder stan, fagte ein Bauer im Scherz, da hat er eine dicke Uetfche gefehn. Einige Wochen fpäter erfchien ein Zwerg und erinnerte ihn an fein Verfprechen und nötigte ihn zu Gevatter. Es war eine luftige Kindtaufe. Nach Verlauf eines Jahres brachte der Bauer einen Himten Weizen als Pateugefchenk. Beim Abfchied dagegen gaben die Zwerge ihm Pferdeköttel, und fein kleines Patchen, das fchon laufen konnte, kletterte ihm in die Tafche und trampte die Köttel feft, dafs recht viele hineingingen. Als dann der Bauer nachhaufe kam, hat er die ganze Tafche voll Gold gehabt.

Das Oel der Zwerge.

Einſtmals in der Nacht kam ein Zwerg und holte die Hebamme. Als nun das Kind da war, muſste ſie es einreiben mit Oel, und weil ihr grad das linke Auge thränte, ſo wiſchte ſie ein paarmal drüber mit der Hand. Darauf gab ihr der Zwerg Geld. Aber die Wöchnerin rief ſie ans Bett und flüſterte ihr zu, wenn ſie wegginge, ſollte ſie von dem Fegedreck, der drauſsen vor dem Süll läge, ſich nur tüchtig was mitnehmen. Das that ſie denn auch, und als ſie zuhaus nachſah, hatte ſich das Geld in Pferdemiſt, der Kehricht in Goldſtücke verwandelt. In der nächſten Woche ging ſie auf den Jahrmarkt. Der Zwerg war ebenfalls da. Er nahm aus den Buden, was er wollte, ohne daſs es die Leute zu merken ſchienen. Guten Tag, Herr Zwerg. Na, ſind Sie auch hier? ſagte die Hebamme und tupfte ihn auf die Schulter. Könnt Ihr mich denn ſehen, liebe Frau? rief der Zwerg mit Erſtaunen. Warum denn das nicht? ſagte ſie. Mit beiden Augen? fragte der Zwerg. Sie hielt das linke Auge zu. Ne, nu ſeh ich Sie nicht. Sie hielt das rechte Auge zu. Ja, nu ſeh ich Sie wieder. Puh! machte der Zwerg und blies ihr ins linke Auge, und von der Zeit an war ſie blind damit bis an ihr ſeliges Ende.

(5.) Hackelberg (1850).

Hackelberg ſein Hund.

Des abends in den Zwölften hatten mal Leute vergeſſen, rechtzeitig ihre Thüren zu ſchlieſsen. Da jagte Hackelberg durchs Haus. Er lieſs einen Hund zurück, der legte ſich auf den Heerd und fraſs nichts wie Uſel*) und blieb liegen bis übers Jahr um dieſelbe Zeit. Dann kam Hackelberg wieder und nahm ihn mit. Das Haus iſt bald hernach abgebrannt.

Hackelberg ſchläft.

Während der Heumachezeit brachte eine Frau das Eſſen nach der Wieſe. Da ſah ſie unter der Hecke einen ſchlafenden Jäger liegen mit zwölf Hunden, die hatten ihre Köpfe dicht an ihn gedrückt, grad als ob ſie ſögen an ihn. Die Frau rief ihre Leute herbei. Der Jäger wachte auf, und da gings giffgaff giffgaff und weg war er. Es iſt Hackelberg geweſen, der ſich geraſtet hat.

(6.) Die Mahrt (1850).

An einem hellen Sommerabend hat mal ein Schäfer in ſeinem Karren dicht an der Weſer gelegen. Da kam den Strom herunter eine ſchöne Jungfer geſegelt, die ſtand und fuhr in einer zerbrochenen Mulde und ſtieg ans Ufer und ging nach dem nächſten Dorfe hinzu. Während dem nahm der Schäfer ihr Schifflein weg, und als ſie zurückkam und fand es nicht mehr, fing ſie zu weinen an und rief:

*) Aſche. Uſel nannte man beſonders die verkohlte Leinwand in den Zunderbüchſen und den alten Küchenfeuerzeugen für Stahl und Stein. W. B.

Radderadderat min mollenschaart,*)
eck mot noch vandage in engelland brut stan
und bin noch hier!

Das that dem Schäfer leid, und er gab es ihr wieder. Da ſagte die Jungſer, den nächſten Abend ſollte dort links im Gebüſch was liegen für ihn, und dann iſt ſie weiter geſahren. Man meint, es ſei eine Mahrt geweſen. Der Schäfer aber vergaſs, was die Jungfer geſagt hatte. Erſt ein Jahr ſpäter ſah er nach zwiſchen den Weiden und ſand zwei Packen vom ſeinſten Leinen, das ſchon längſt verrottet und nicht mehr zu brauchen war.

(7.) Der ſprechende Rabe.

Eine Frau hatte einen Raben, der konnte ſprechen. Mal, als ſie ausgegangen war, hat die Magd ſich heimlich einen Pfannkuchen gebacken, muſste ihn aber, weil die Frau unerwartet zurückkam, geſchwind in den Drankeimer werſen. Das hatte der Rabe mit angeſehn, und nun ging er im ganzen Haus herum, und ſprach immer, wo er ging und ſtand, vor ſich hin:

Use maged pankedrank
use maged pankedrank,

ſo daſs die Frau ſchlieſslich die Beſcherung im Eimer entdeckte und die Magd ihre Sünde bekennen muſste. Seitdem warf das Mädchen einen tödtlichen Haſs auf den Raben, und gleich das nächſte Mal, wie die Frau nicht zuhaus war, nahm ſie den armen Vogel beim Wickel und nähte ihm mit einem ſtarken Zwirnsfaden den Bürzel zu. Es war nur ein Glück, daſs die Hausfrau bald wiederkam. Sowie der Rabe ſie zu ſehen kriegte, ſchrie er in einem fort:

Use maged pankedrank
prün as täo, prün as täo!

und da merkte die Frau, wo es ihm fehlte, und holte eine Scheere und machte ihm Luft. Aber der grauſamen Magd hat ſie ohne weiteres den Dienſt gekündigt.

(8.) Gerdmann und Alheid.

Gerdmann der Gante und Alheid die Gans gingen mal in der Herbſtzeit aufs Feld hinaus. Gerdmann, der vorſichtige, blieb auf dem hohen Rücken des Ackers, von wo er weit umher ſehen konnte, während Alheid in der tiefen Furche fraſs, weil da die grünſten Spiere ſtanden. Als nun der Fuchs heran geſchlichen kam, rief Gerdmann warnend:

Alheid,
sühste nich, wat dar in der ſohre geit?

---

*) Sonſt fand ich das Wort ſchaart nur noch in Wiäſerſchaart, Weſerſcharte = Porta Westphalica. — Daſs man den Unholdinnen nur neckiſche Transportmittel gelaſſen hat, ſcheint natürlich zu ſein. Die Holden von ehedem, mit allem was drum und dran war, ſind eben unter dem Drucke des neuen Glaubens verkümmert und ſchäbig geworden. Einſt hatten ſie ſtolze Roſſe, oder Adler- und Schwanenhemden zu ihrer Verfügung, jetzt müſſen ſie ſich begnügen mit Schweinen, Kälbern, Beſen, Ofengabeln, zerbrochenen Sieben und Mulden. W. B.

Doch Alheid schnatterte sorglos:

tatterrattat!
ette wat, ette wat.

Inzwischen schlich der Fuchs immer näher. Zweimal noch vergebens erhob Gerdmann seine warnende Stimme. Jetzt sprang der Fuchs zu und packte Alheid beim Halse. Da schrie sie kläglich:

Gerdmann, Gerdmann, sühste nich,
wo häi mi ritt, wo häi mi tüht?

Aber Gerdmann rief

Recht di da—t, recht di da—t!

breitete seine Fittiche aus und flog ins Dorf zurück.

(9.) Die launische Ziege.

Es ist mal ein Schneider gewesen, der schaffte sich eine Ziege an. Er hatte drei Jungens, denen befahl er, einem nach dem andern, sie zu hüthen, draussen an der Hecke, bis sie satt sei. Das thaten sie denn auch mit allem Fleiss, und jedesmal, ehe sie aufhörten mit Hüthen, fragten sie ausdrücklich, ob sie genug hätte, und jedesmal gab die Ziege zur Antwort, sie wäre so satt, dass sie kein Blatt mehr möchte; kamen sie aber nachhaus mit ihr und der Vater fragte nach, dann sagte sie immer das Gegentheil. Auf die Bengels ist kein Verlass, dachte der Schneider, ich muss selbst mit ihr los. Als er nun meinte, sie hätte sich dick gefressen, fragte er doch noch der Sicherheit wegen: Na Ziege, bist du nu satt?

Eck bin säo satt,
eck mag näiu blatt,

versicherte die Ziege. Als er aber mit ihr nach Hause kam und nochmals die nämliche Frage stellte, fing das launische Vieh an zu meckern und schrie:

Ne!!
Dar satt noch 'n blatt,
härr eck dat noch ehat,
säo wör eck satt.

Das war dem Meister denn doch zu bunt. Er wurde kraus, nahm seine grosse Scheere, schor die Ziege auf einer Seite rattenkahl, schnitt ihr ein Ohr ab und prügelte sie mit seiner Elle bis in den Wald hinaus. Hier wollte sie sich verstecken in einer Höhle, aber im Hintergrund sass der Fuchs und rief ihr drohend entgegen:

Halbgeschoren halbungeschoren,
wer herein kommt,
dem rutsch ich, dem stutz ich
den stuupsteert (Stumpfschwanz) vor'm ase weg.

Da kriegte sie's mit der Angst, dass sie den Schwanz auch noch missen sollte, und fing zu laufen an, immerzu in die weite Welt hinein, und wenn sie nicht aufgehört hat mit Laufen, denn läuft sie noch heute.

(10.) Zwiegespräch.

Ein Reuter, der in den Krieg gezogen war, hatte mit der Tochter seines Wirts ein Verhältniss gehabt. Sie kriegte einen todten kleinen

Jungen, den fie heimlich begrub. Nach einem Jahr, als der Reuter zurück kam, hätte er gern wieder angebändelt und gefragt, was inzwifchen paffiert war. Aber das Mädchen liefs fich nie mehr allein fprechen. Deshalb knüpfte er mit ihr öffentlich die folgende Unterhaltung an.

Ans et tejahr ümme düsse tied was,
do smeet eck'n appel in't grüne gras.
Mich soll wundern, mich soll wundern,
ob der apfel ist erfunden.
Jawol, sä säi.
Allewo läit häi?
Anse häi, sä säi.
Wol auf der erden?
Nein, unter der erden.
Noch 'n mal? sä häi.
Ne ne! sä säi.

So wufste nun der Reuter befcheid, ohne dafs die Leute, die dabei waren, etwas verftanden hatten.

(11.) Das harte Gelübde.

In einem dichten Walde war eine Frau mal ganz verbieftert. Es wurde fchon Nacht. Da kam aus dem Gebüfch ein graues Männchen und fagte, wenn fie ihm das verfpräche, was fie unter dem Herzen trüge, fo wollte er ihr helfen. Die Frau, in ihrer Angft, verfprach es ihm. Da lachte das Männchen und fagte, in zwölf Jahren müfste aber der Knabe, den fie kriegen würde, hier an derfelben Stelle drei Fragen beantworten, fonft gehörte er ihm für alle Ewigkeit. Darauf führte das Männchen die Frau aus dem Walde, und nach einiger Zeit brachte fie auch richtig einen Knaben zur Welt, der wurde fehr klug. Einft, weil feine Mutter immer fo traurig war, fragte er, was das hiefse, und da erzählte fie ihm alles und was fie dem Männchen verfprochen hatte. Das war hart, fagte der Knabe. Aber nun wurde er noch fleifsiger als bisher und ruhte nicht eher, als bis er alle nur erdenklichen Fragen beantworten konnte. Zur beftimmten Stunde ging feine Mutter mit ihm in den Wald. Das Männchen war fchon da. Es fing auch gleich zu fragen an. Was ift härter als ein Stein? Antwort des Knaben: Mutterherz. Was ift weicher als ein Daunenbett? Antwort: Mutterfchoofs. Was ift füfser als Honig? Antwort: Mutterbruft. Da verfchwand das graue Männchen. Der Knabe war gerettet und feine Mutter konnte wieder ruhige Tage haben.

(12.) Ilfebein.

Es war mal ein Mädchen namens Ilfebein, die war fchon hübfch alt geworden und hatte noch immer keinen Mann kriegen können, weil fie kurzfichtig war. Endlich, für den Nachmittag, liefs fich ein Freier anmelden. Ich will mich doch felbft überzeugen, dachte er, ob es mit dem Mädchen feinen Augen wirklich fo fchlimm ift, wie die Leute behaupten wollen. Da holte Ilfebein fchnell eine Leiter und ftellte fie draufsen an die Hausthür und fteckte in den Querbalken darüber eine Nähnadel von der feinften Sorte. Als nun der Freiersmann auf den Hof kam, lief ihm Ilfebein entgegen und nahm ihn freundlich bei der Hand, und als sie an die Thür kamen, da rief sie überrascht: Ei sieh doch mal, da oben steckt eine Nadel. No, dachte der Freier, die sieht ja schärfer als ich, die will ich nur nehmen. In der Döntze wurden die Beiden auch bald recht vertraulich und gesprächig zusammen. Alles schien gut zu gehn. Mittlerweile trug die Frau Wase das Vesperbrod auf, darunter auch eine schöne dicke Butterwälze. — Katzut!! schrie Ilsebein und schlug mit der Hand in die Butter, dass es nur so schwappte, denn sie meinte, die weisse Katze wär auf den Tisch gesprungen. Die Unterhaltung stockte. Der Freier wurde kleinlaut und entfernte sich bald. Er sagte zwar: No denn auf Wiedersehn! Aber Ilsebein passte vergebens auf ihn und ist zeitlebens eine Jungfer geblieben.

(Wiedenfahl. Doch ist der Name Ilsebein dort nicht gebräuchlich.)

(13.) Betrübte Braut.

Es wollt ein Bauer freien,
Er freit nach Seinesgleichen,
Er freit nach seiner Braut sieben Jahr.
Die junge Braut wollte den Herrn nicht haben.
Der Bräutigam kam gefahren
Mit vierundzwanzig Wagen.
Wo ist denn meine herzliebste Braut,
Die mich so freundlich willkommen heisst?
Sie sitzt wol in der Kammer,
Beweinet ihren Jammer,
Beweinet ihren Jammer und Leid,
Dass sie ertrinken muss in dem Rhein.
Und als sie auf den Wagen stieg,
Nahm sie von ihren Eltern einen traurigen Abschied:
Ach Eltern, herzliebste Eltern mein,
Unser Lebtag werden wir uns nicht wiedersehn.
Und eh sie auf die Brücke kamen,
Begegnet ihr eine Schwalbe.
Ach Schwalbe, du fliegst wo deine Freud ist
Und ich muss fahren wo mein Unglück ist.
Und als sie vor die Brücke kamen,
Hiess sie den Fuhrmann stille stehn.
Nun zieht mir aus mein hochzeitlich Kleid
Und machet mich hier zum Tode bereit.
Und als sie auf die Brücke kamen,
Da brach der Brücke ein Brettlein entzwei,
Da fiel die junge Braut in den Rhein.
Der Bräutigam stand daneben,
Sah seine herzliebste Braut schweben.
Ach hätt ich doch meine Ketten bei mir,
So könnt ich mein liebes Kind retten hier;
Nun aber hab ich meine Ketten hier nicht,
Nun kann ich mein liebes Kind retten auch nicht.
Dies ist nun meine siebente Braut.

Vielleicht wird's auch die letzte wohl ſein.
Was zog er aus ſeiner Taſche?
Ein Meſſer das war von Gold ſo roth,
Damit ſtach er ſich ſelber zu todt.

(14.) Kinderſpiel.*)

Jammer jammer! höret zu
Was ich euch will ſagen.
Ich hab verloren meinen Schatz.
Mach auf, mach auf den Garten,
Ob ich ihn kann finden,
Und wenn ich ihn geſunden hab,
Fall ich ihm zu Füſsen
Um ſeine Hand zu küſſen.
Machet auf das Thor!
Machet auf das Thor!
Ich hab mein Schatz gefunden.

Mechtshauſen am Harz. Wilh. Buſch.

4. Prieche (XXI, 74. 87).

Als ich bei der Arbeit am Moret-Sanders zu dem Worte Prieche kam, wuſste ich ſo wenig Rat wie andere Etymologen. Wie Sandvoss trotz dem mangelnden Conſonanten im Auslaut in der mir unzugänglichen Bayeriſchen Zeitung die Identität von Prieche und pergola, πέργαμος, pergamum erwieſen hat, weiſs ich nicht. Aber ſollte er ſich getäuſcht haben, ſo würde ich jetzt Prieche auf περιοχή, perioche, »daſs was einen Gegenſtand oder Ort umgibt, u. a. die Umſchanzung«, gewis alſo auch eine umlaufende Gallerie zurückführen. Brüge iſt eine weitere Entſtellung, die ſich an brügge im Sinne von »erhöhtes Gerüſt« anlehnt und ſogar darin aufgeht.

Berlin. Max Roediger.

5. Kahe, kān, m. halbwüchſiger Eber.

Zwiſchen Saale und Weſer hat man für den Zuchteber das Wort de kempe, bezeugt aus Halberſtadt, Fallersleben, Braunſchweig, Südhannover und dem heſſiſchen Amte Sababurg (Vilmar unter »kämpe«). Im weſtlichſten Teile von Südengern wird der Eber bar, der verſchnittene Eber burch, der halbwüchſige Eber aber kān genannt. So lautet das Wort in Aufzeichnungen aus den Kr. Herford, Bielefeld und Paderborn-Büren, in letzteren freilich als »verſchnittenes männliches Schwein« erklärt. Echterling, Lippiſche Wörter, in Frommanns Ma. VI, 244 hat »kahe, m. das zum hegen gehalten werdende männliche Schwein.«

*) Vgl. K. Müllenhoff, Sagen, Märchen und Lieder der Herzogthümer Schleswig-Holſtein und Lauenburg, S. 485, 4. C. W.

Für beide Wörter giebt es keine befriedigende Erklärung. kampen bedeutet in der nl. Provinz Zeeland »ehebrechen«.

In kân mag das n der Objektskasus sein, in welchem manche schw. Substantive dort überhaupt stets erscheinen, oder umgekehrt kann Echterling aus dem Accusativ kan eine Nominativform kahe selber konstruiert haben. Im letzteren Falle könnte das Wort auf scherzender Anwendung des früher bei den Mitteldeutschen beliebten ›knan‹ = Vater beruhen. (›Ich fragte meinen knan‹ in Grimmelshausens Simplicissimus.) Mit kod(d)e, Ferkel, welches übrigens westfälisch, nicht engrisch ist, kann es nach den Ausführungen von Woeste nichts zu schaffen haben.

Segeberg. H. Jellinghaus.

---

6. Zu früheren Mitteilungen.

1. XXI, 91, 19. Das hier mitgeteilte Lied kenne ich auch aus Cattenstedt a. Harz; es lautet mit geringer Abweichung:

Wenn't östern is, wenn't östern is,
Denn schlucht min väder 'n bok,
Denn schpinnt mine mutter, denn schpinnt mine mutter,
Denn kri'k en röen rok.

2. XXI, 91, 18. Sprengers Erklärung der ostfr. Redensart horenseggen is half gelogen scheint mir nicht zutreffend. Dafs Huren lügen, ist eine dem Volke geläufige Auffassung. Auch ändert Sprenger den Sinn der Rda., wenn er erklärt, dafs Hurenrede 'nur halbe Lüge' sei, während gemeint ist, dafs das, was Huren sagen, in der Regel oder mindestens zur Hälfte gelogen ist.

3. fidikân! XXI, 89. Dieser Ausdruck lautet in Cattenstedt a. Harz fütikân und in Schambachs Wtb. S. 284 fütekan; dort ist er unter Hinweis auf Grimms Gr. III, 304 erklärt.

4. XX, 18, 7. Die Erklärung des Ausdrucks pri vallue aus 'fri Vorlööf' scheint mir nicht ohne lautliche Schwierigkeit zu sein. Man sieht keinen Grund, warum in einem deutschen Worte, das noch vielfach in Gebrauch ist — auch in Schambachs Wtb. S. 261 findet sich verlöaef — gerade in dieser Wendung das auslautende f abgefallen sein sollte. Ich glaube, dafs der Ausdruck aus lat. privilegium entstanden ist, und so erklären ihn auch viele Braunschweiger. Fremdwörter erfahren ja im Volksmunde meist Veränderungen oder Verstümmelungen.

Blankenburg a. H. Ed. Damköhler.

---

7. Dithmarsisch Döffl.

a. In einem Aufsatze der ›Deutschen Heimat‹ Jahrg. 4, Heft 43 erklärt Adolf Bartels Döffl in den Bezirknamen Strandmannsdöffl, Westerdöffl, Mitteldöffl. Osterdöffl, das früher als ›Taufbezirk‹ erklärt wurde, mit Anlehnung an defftig = tüchtig als ›Wehrbezirk‹. Mit dem auch im Quickborn zu findenden adj. defti hat der Ausdruck jedoch nichts zu thun, man vergleiche vielmehr ags. thoftscipe = consortium, societas, gethofta = consors, socius; ahd. kidofto = socius, gadofta = socia. Die Ableitung des Stammes ift fraglich. Zu vergleichen ift, was J. ten Doornkaat Koolman, Oftfries. Wörterb. I, 354 über den nautifchen Ausdruck duft, doft = Ruderbank bemerkt hat.

Northeim. R. Sprenger.

b. Die Zurückweifung der Erklärung aus »deftig« ift gewifs richtig. Uebrigens beruht diefe Deutung auf einem Einfall von Dahlmann, den er aber felbft mit den Worten zurückwies: »Doch wollen wir, fo lange wir nichts Befferes wiffen, lieber beim Alten bleiben«, nämlich der hergebrachten Meinung, dafs döft eine Bezeichnung für Vereinigungen von Taufkirchen fei: »obgleich wir nicht fo ganz gläubig diefe Anficht annehmen; auffallend ift es jedenfalls, dafs die Wilftermarfch in Dochte eingetheilt ift, und vielleicht fteckt fowohl in diefer als in jener Eintheilung etwas, was auf das Kriegswefen hindeutet;« f. Gefchichte Dithmarfchens, nach F. C. Dahlmann's Vorlefungen im Winter 1826, hrsg. v. W. H. Kolfter (1873) S. 89. Kolfter verweift wegen des Ausdruckes auf feine beiden Meldorfer Schulprogramme von 1851 und 1852, die mir nicht zu Gebote ftehn. Der Ableitung von Prof. Sprenger pflichte ich bei, wie ich denn auch in meinem Handexemplar des Mnd. Wbs. diefelben ags. und ahd. Wörter zur Erklärung herbeigezogen habe, wenn ich nicht irre, infolge einer gelegentlichen mündlichen Aeufserung des verftorbenen Prof. Müllenhoff, die fich die lautliche und bedeutliche Uebereinftimmung derfelben mit dem ndd. doft und ducht bezog. C. Walther.

---

8. Zum mnd. Wörterbuch: büchten.

a. Mnd. Wtb. I, 443: »büchten, biegen?« Diefe mit einem Fragezeichen verfehene Bedeutung hat das Wort ohne Zweifel. fek buchten kommt heute noch in Cattenftedt vor in der Bedeutung fich biegen und wird gebraucht, wenn fich Zweige unter der Laft des Schnees oder der Früchte, oder wenn lange Balken in der Scheune fich unter der Laft des Getreides biegen. Dafs das Wort nur aus dem Koker belegt ift, fpricht vielleicht mit für deffen Entftehung in Braunfchweig.

Blankenburg a. H. Ed. Damköhler.

b. Dafs vom Subftantiv Bucht, Beuge, Biegung, ein Verbum buchten, büchten gebildet worden ift, hat nichts auffälliges; fo ftammt fluchten, flüchten von Flucht. Ebenfo bildet das Dänifche von Bugt das Verbum bugte, nur mit intranfitiver Bedeutung »fich fchlängeln«, doch auch reflexiv gebraucht bugte fig, bugtet »gekrümmt, krumm«. Desgleichen hat das neuere Niederländifche ein bochten fich erlaubt mit der befonderen Bedeutung »Vieh zufammen und in eine bocht, einen Viehhagen treiben«. Im Deutfchen ift diefelbe Verbalbildung von Frifchbier im Preufsifchen Wörterbuch I, 92 nachgewiefen, aber gleichfalls nur in abgeleitetem, fpeciellem Sinne: »bochten, buchten, in Unordnung bringen, niederdrücken, zertreten und dadurch Buchten machen. Kinder, die im Bette fpielen, verbochten das Bett. Die Wiefe, das Getreidefeld verbochten, auch zerbochten.« Hier erhalten wir nun zum ersten Male ein willkommenes Zeugnifs, dafs 'buchten' im Braunfchweigifchen als Synonym des intranfitiven fchwachen 'bögen' gebräuchlich ift.

Allein für die Erklärung der Stelle im Koker S. 324: vele wardt begreppen myt der handt, dat me darmede wyl büchten, fcheint die Bedeutung »biegen« doch nicht zu paffen. »Vieles wird mit der Hand ergriffen, was man (oder: dafs man es) damit d. h. mit der Hand (oder: dadurch d. h. durch das Ergreifen) biegen will« ift eine Sentenz, die man dem Verfaffer des Kokers nicht zuzufchreiben braucht. 'Darmede' auf 'vele' bezogen gäbe 'biegen' keinen Sinn. 'Buchten' mufs ein anderes Wort fein, als wie die, noch dazu erft in der Neuzeit nachweisbare, Ableitung von 'Bucht'.

Im Supplement zum Mndd. Wb. findet fich verzeichnet ein Subftantiv buchter und ein Verbum bichten, refp. buchten aus Jofep's Gedicht von den fieben Todfünden. Dat is der hoverdighen buchter fede, ... Legen, bedregen, is ore bedriff 5008; Kleine dued unde grote word Werden van den buchteren hort 5016; Bach unde dar to ydele ere Darmede kan de homode (der Hochmüthige, fo Wb. Suppl. S. 86; dagegen homod S. 67) sere, Vor den luden he bichten kan 5003. Lübben bemerkt S. 67: „Von fpäterer Hand ift über das 'i' ein kleines 'v' gefetzt, fo dafs darnach zu lefen ift buchten, welches wahrfcheinlich die richtige Form ift.« Diefe Stellen kommen in dem Abfchnitt vor, der 'Jactantia' oder deutfch »Bach« überfchrieben ift. Babucke hat in feiner Schrift über das Gedicht S. 1 'buchter' durch Prahler überfetzt; Lübben thut daffelbe, erklärt ebenfo 'bichten' oder 'buchten' durch prahlen und fragt, ob diefe Wörter etwa von 'bâch', altfächf. 'bâg', m. das Rühmen, Sichbrüften, Prahlerei, abgeleitet feien. Ob diefe Ableitung möglich und ob ein 'bichten' neben einem 'buchten' denkbar ift, weifs ich nicht. Jedenfalls aber fetzt 'buchter' ein Verb 'buchten' voraus und da die buchter in dem Kapittel von der Janctantia oder dem Bage befprochen werden, fcheinen buchten und bagen daffelbe oder ähnliches Gebahren zu bezeichnen, wie das die drei angeführten Stellen nicht bezweifeln laffen. 'Baghen' wird in einem Gloffar bei Diefenbach, Gloffarium Latino-Germanic. mediae et infimae aetatis nicht nur durch hovart driven, fondern auch durch overmôd driven umfchrieben. So mag auch buchten nicht blofs prahlen bedeutet haben, fondern ebenfalls entweder »feinen Uebermut treiben« oder auch »in nichtiger, eitler Weife tändeln« oder Aehnliches. Der Gedanke jener Sentenz im Koker wäre, wenn wir dies Verb hier wiederfinden wollen, dann etwa: Mancher fetzt fich in den Befitz von Dingen, (nicht um fie zweckmäfsig zu gebrauchen, fondern) um mit ihnen zu prahlen, fein übermütiges Spiel zu treiben, feiner Eitelkeit und Hoffahrt zu fröhnen.

Hamburg. C. Walther.

---

9. Gammelwaare (XXI, 89)

gehört nicht, wie zu vermuten wäre, dem eigentümlichen Rotwelfch an, das von den »Knochenhauern« in Braunfchweig noch jetzt gefprochen wird, fondern ift nd. Nach dem Brem. Wb. I, 479 ift gammlig, »was anfängt zu ſchimmeln und daher einen üblen Geſchmack erhält«. Es wird hier, nicht ſehr wahrſcheinlich, auf gammel = penis zurückgeführt. Vgl. auch Schambach S. 59. ten Doornk. Koolm. I, 584 ff.

Northeim. R. Sprenger.

10. Zur Mundart in Hornburg.

Wie ich im Nd. Jahrbuch 22, S. 140 feſtgeſtellt habe, ſpricht Hornburg monophthongiſch, während Wenkers Sprachatlas eïs und weïn für dieſen Ort angiebt. Für die Richtigkeit meiner Angabe und Zuverläſſigkeit meiner Beobachtung ſpricht noch die von dem Hornburger Bernhard Topp in ſeinen niederdeutſchen Schriftchen angewandte Mundart, die monophthongiſch iſt. (Näheres über Topp im Nd. Jahrbuch 22, S. 118). Auſserdem ging mir auf eine Anfrage die briefliche Mitteilung von Herrn Topp zu, daſs man in ſeiner Jugendzeit — Topp iſt 1815 geboren — ebenſo geſprochen habe und jetzt noch ſpreche, wie er geſchrieben habe. Auf den umliegenden Dörfern aber klinge »das e und o im Anſchlage kurz vor«. Der Grund für die Hornburger Sprechweiſe liegt nach Topp wahrſcheinlich in dem ſtarken Zuzug zur Grenzfeſte Hornburg von auſsen her, wodurch ſich der Vorlaut e und o verwiſcht habe.

Blankenburg a. H. Ed. Damköhler.

11. Altſächſiſch gital, talhed.

Die Straſsburger aſ. Gloſſen geben »pernicitas« durch tálhéd. Wadſtein in ſeiner Ausgabe der Kleineren altſächſiſchen Sprachdenkmäler (Ndd. Denkmäler VI) S. 227 überſetzt das, allerdings fragend, durch »Gefährlichkeit«. Ich glaube, daſs dieſe Deutung nicht richtig iſt. Wie Wadſtein zu ihr gekommen iſt, geht aus ſeiner Anſetzung des Wortes als tālhēd hervor. Er ſah, wie es auch Schmeller und Heyne gethan haben, die erſte Silbe auf Grund der Schreibung tál als lang an und muſste demnach auf agſ. tǽl, tál, an. tál, ahd. zāla, mhd. zāl rathen und pernicitas für als pernicies miſsverſtanden halten. Ob jedoch die ſporadiſchen Accente in der Handſchrift nur die Länge des Vocals bezeichnen ſollen, ſcheint mir zweifelhaft. Während vielen langen Vocalen das Zeichen gebricht, ſind ſicher kurze, wie ſtaſuárt, ándod, uuérnon, umbiuérti, accentuiert. Vermuthlich hat der Schreiber den Acut auch als Zeichen der Betonung und zur Unterſcheidung von einfachen und zuſammengeſetzten Wörtern verwendet; ſo wohl in tálhéd, damit es als tal-hed und nicht etwa als talhed (h = ch) aufgefaſst und geſprochen würde.

Daſs tálhéd als tal-hêd und nicht als tāl-hêd verſtanden werden muſs, beweiſt das Gloſſem pernicitas d. i. Schnelligkeit, Behendigkeit, Hurtigkeit. Das dem Compoſitum zugrunde liegende Adjectiv wäre tal. In dieſer Form iſt dasſelbe nicht überliefert, wohl aber in der von gital durch die Gloſſe zu Heliand 987 in dem Prager Fragment: quam thie helago gest fon them alowaldon obana te Crista, was im an gelīcneſſia lungras (darüber die Gloſſe gitalas) fuglas, diurlicaro dubon; (ſ. Ein neuentdecktes Blatt einer

Heliandhandschrift, hrsg. v. Hans Lambel, in den Sitzungsberichten der philosophisch-historischen Classe der Wiener Akademie der Wissenschaften, Jgg. 1880, Bd. 97, S. 613 ff.). Ebenfalls im Angelsächsischen ist das Adjectiv wenigstens einmal nachgewiesen von Grein aus der poetischen Uebersetzung des Psalters, Ps. 56, 5 (6): wæron hyra tungan gotale teonan gehwylere: s. Grein, Bibliothek der angelsächsischen Poesie II, 155. III, 462. Vielfach bezeugt ist bekanntlich das althochdeutsche Adjectiv gazal, gizal (agilis, alacer, velox, levis) als Beiwort für Krieger, Rofs, Fufs, Sprache, Pfeil, das Adverb gizalo und das Substantiv gizeli (velocitas, levitas); s. Graff, Althochdeutscher Sprachschatz V, 655. Der Häufigkeit im Ahd. entspricht, dafs das Wort sich als gezal (schnell, behende) im Mhd. noch einigermafsen gehalten hat, während von einem getal oder tal im Mndd. keine Spur mehr zu finden ist.

Hamburg. C. Walther.

12. Puhaner (XXI, 89).

Es mufs auffallen, dafs Herkunft und Bedeutung von Puhauer Schwierigkeiten macht. Der »Pfau« heifst im rheinischen Platt allgemein der Puhahn. Damit ist alles erklärt.

Linz a. Rhein. H.

13. Bonewart (XXI, 90).

Sollte das Wort nicht eine Entstellung von Bonaparte sein?

Zur Bezeichnung eines »Radaumachers« würde sich der Name wohl schicken.

Hamburg. C. Walther.

14. Rûtenûtspeler (XXI, 90)

ist ursprünglich nicht ein Mann, der Rauten oder Fenster einschlägt, sondern ein Kartenspieler. Im Kartenspiel heifst carreau noch jetzt rute(n). s. Mnd. Wb. III, 536.*)

Northeim. R. Sprenger.

15. Der alte Maitag.

Auch in diesem Jahre stiefs ich wieder bei alten Leuten auf die Mitteilung, dafs man früher auf alten Maitag, d. 8. Mai, die Kühe ausgetrieben, Bohnen u. a. gepflanzt habe. Was hat es damit auf sich? Der »verbesserte Kalender« ist doch schon im Jahre 1700 bei uns in Niedersachsen gültig geworden, und da beträgt doch der Unterschied zehn Tage.

Poppenbüttel bei Hamburg. L. Frahm.

*) Diese, auch oben S. 6, 6 gegebene Erklärung ist gewifs richtig. Die Verwendung des Ausdrucks für einen Krakehler mag einem Spiel entnommen sein, in welchem Ruten Trumpf ist? C. W.

16. Heren feggen is half gelagen (XXI, 91, 18).

Zu diefer Redensart, wie ich fie gedeutet habe, vergleicht fich inhaltlich auch die englifche Redensart: »I consider Report (das Gerücht), in a general way, to be a fool and a liar.« Three Christmas Stories, hrsg. v. Dr. Herm. Conrad (Leipzig, G. Freytag, 1900), S. 3.

Northeim. R. Sprenger.

---

17. Forjit my net.

J. Winkler hat in einem 1890 in einer friefifchen Zeitfchrift erfchienenen Auffatze »Hebel end Halbertsma« die poetifchen Anregungen nachgewiefen, die Eeltje Halbertsma um 1818 durch die alemannifche Volksdichtung erhielt. Eins von H.'s Liedern »Schippers Sankje« (Forjit my net as holle wyntjes waje), zuerft im Lapekoer 1822, vgl. jetzt Rimen ind Teltjes fen de Br. Halbertsma 4. Aufl. 1895, ift nicht nur unter den Friefen des deutfchen Reiches, fondern auch plattdeutfch unter den Anwohnern der Nordfee bis an die achtziger Jahre des vorigen Jahrh. fangbeliebt gewefen. Ich hörte es 1867 in Halle von fchlesw.-holft. Soldaten, fpäter in Kiel zur Ziehharmonika fingen. Abgedruckt ift es u. A. in Ehrentraut's Frief. Archiv 1849, im Globus von 1872 und in den »D. Mundarten im Liede« 1875. Nach ihm dichtete M. Niffen ein nordfriefifches »Jü trau söster hern song«. Mir fcheint die in Deutfchland dazu gefungene Melodie eine gewiffe Aehnlichkeit zu haben mit der fränkifchen bei Ditfurth II, 79 »Verdenk mir's nicht, dafs ich dich meide.« In Wolke's »Saffifchen Sinngedichten« Lpz. 1804 s. 151 ff. fteht eine Ballade, die eine Sage über die Entftehung des Blumennamens Vergifsmeinnicht behandelt. Titel und häufiger Refrain ift Vergit-nig-mi. Der Verfaffer ftammt wohl aus der Wefergegend, denn er läfst die Saaten »up fetten hörden grönen« und er hat in der Weife des 18. Jahrh. Nordifches gelefen, denn er fagt: »de Iugen (die Jungfrauen) gan int dal.« Vielleicht liegt diefer Ballade ein einfaches niederdeutfches oder dänifches Lied zu Grunde?

H. Jellinghaus.

---

18. De Häfter un de willen Duben (XXI, 72. 86).

Wie Prof. Roethe angiebt, hat auch R. Woffidlo in feinem durch Reichhaltigkeit und Behandlung ausgezeichneten Buche 'Mecklenburgifche Volksüberlieferungen' diefes Tiermärchen mitgeteilt und zwar in vielen verfchiedenen Faffungen. Andere Aufzeichnungen aus anderen Gegenden hat mir Herr Rud. Schnitger in Hamburg in der Zeitfchrift 'Die Heimat' nachgewiefen. In der 'Heimat' Jgg. VII (Kiel 1897) S. 85 fteht die Erzählung nach Segeberger Ueberlieferung, S. 180 nach Schwanfener Relation und wird andererfeits bezeugt, dafs fie in Angeln bekannt fei. Die October-Nummer deffelben Jahrganges brachte darauf von unferm Mitgliede Herrn Oberlehrer J. Bernhardt einen Hinweis auf 'Niederfachfen' Jgg. II und von anderer Seite auf Mafius, Naturftudien. In 'Niederfachfen' II (Bremen 1896/7) S. 244 und S. 347 werden zwei hochdeutfche Texte gegeben, aus dem Hoyafchen und dem Lingenfchen.

Ich kenne noch zwei niederdeutſche Faſſungen. Die eine, aus der Gegend von Hagen in Weſtfalen, bringt L. Woeſte, Volksüberlieferungen in der Grafſchaft Mark (Iſerlohn 1848) S. 38. Die andere habe ich vor ca. 30 Jahren von meinem Vater vernommen und darauf niedergeſchrieben. Dieſer war von jemand um Auskunft über die Anfertigung einer Arbeit gebeten worden. Nach den erſten erklärenden Worten hatte der Frager aber gemeint, nun wiſſe er genügend Beſcheid und werde es ſchon können. Als er wegeilte, meinte der Alte lächelnd: Denn' geit dat ook grad' so as de wilde Duv'. Auf meine Frage, wieſo, erzählte er dann das Dööntje folgendermaſsen: »De wille Duv' keem mal tum Heiſter un ſä(d'): wyſ' my doch, wo maakſtu eegentlich ſo'n Neſt? Sü! ſo maak ik myn Neſt, antwoord' de Heister und ſä(d') eerst en paar Stück Holt krüützwyſ' över 'n anner. Eer dat de Heister wider booen kunn, reep de Duv: ah! ik weet al, ik weet al! un flöög' wech. De Heister boo't ſik en rund un dicht Neſt. Avers de Duv' is ny wider kamen, as dat to doon wat ſe den Heister domals affeen hett. Se ſöcht en paar Twygen, ſchüdt den Stoff un Dreck af, lecht ſe verdwars op en een, un dat mutt denn ür Neſt beeten.« Auf meine Erkundigung, woher er die Fabel habe, erwiderte mein Vater, daſs ſie ihm einſt in der Schule erzählt ſei von einem Mitſchüler, der ſie von ſeinem Vater, einem früheren Schäfer aus der Lüneburger Heide, gehört hatte.

Hamburg. C. Walther.

---

19. Das Schwein Dirk und die Kuh Barteld (XXI, 72).

Die Wiedenſahler Relation der Fabel von dem Heiſter und den wilden Tauben verlegt die Begebenheit in die Zeit aus dat ſwin Dirk häit un de käo Barteld. Dieſe Umſchreibung für »in längſtvergangenen Zeiten« verdient Beachtung.

Den Namen Dirk (Dietrich) für das Schwein kann ich ſonſt nirgends finden. Vergleichen läſst ſich höchſtens, daſs nach niederländiſchem und niederrheiniſchem Volksglauben Derk met den beer (Dietrich mit dem Eber) in der Chriſtnacht ſeinen Umgang hält; ſ. Grimm, Deutſche Mythologie, 2. Ausg, S. 194. Dagegen begegnet der Name Bartelt oder Bartel für die Kuh öfter und in verſchiedenen Gegenden. Daſs ſchon Fiſchart im Gargantua 1582, M. 7 rw. (im Neudruck von Alsleben S. 167) Barthel als üblichen Rufnamen für die Kuh bezeugt, hat Wilh. Wackernagel, Die Deutſchen Appellativnamen (in Pfeiffer's Germania IV, 151. W. Wackernagel, Kleine Schriften III, 80) nachgewieſen. In der Klucht van de ſchoeſter, of gelijke monniken, gelijke kappen, Dordrecht 1660 (J. van Vloten, Het Nederlandſche Kluchtſpel III, 38), werden die umſtändlichen Angaben des Geſellen über eine Kundin vom Meiſter verſpottet durch die noch genauere: er vaaders koe hiet Bartel! Strodtmann, Idioticon Osnabrugenſe, 1756, S. 20 bringt die Redensart: Et is ſcheen in ulen Jahren, as de Kau Bartelt hedde [lies 'hette'] un de Bulle Janst, wird denen zur Antwort gegeben, die eine Sache gar zu genau wiſſen wollen; Dähnert, Wörterbuch der Pommerſchen und Rügiſchen Mundart, 1781, S. 24: Dat was as de Koo Bartelt heit un de Bulle Joust,

das ist sehr lange her. In De Lapekoer fen Gabe Scroar (von J. H. und H. Halbertsma), 1834, 3. Ausg. S. 222 wird ein friesisches »Teltje« eingeleitet durch die Zeitbestimmung: Yn'e tiden, doe de kou Bartele hjitte.
Hamburg. C. Walther.

20. Eine sprichwörtliche Redensart bei Brun v. Schonebeck.

a. In Bruns v. Schonebeck Paraphrase des Hohen Liedes findet sich die Redensart: daz ist war also amen 4000, iz ist war als amen 3115. Ich bemerke dazu, dass sie mir aus meiner in Quedlinburg verlebten Jugendzeit in der Form: »Das ist so wahr wie Amen in der Kirche« geläufig ist. Es wäre mir interessant zu erfahren, ob sie auch in niederdeutscher Form sich findet.
Northeim. R. Sprenger.

b. Dat is so wiss, as Amen in der Karken; Richey, Idiot. Hamburg., 1755. — So wiss, as Amen un Ja; Strodtmann, Idiot. Osnabrug., 1756. — Dat iss so wiss, as Amen in de Kark, dat wird ganz gewiss so kommen; Dähnert, Wb. der Pommer. u. Rüg. MA., 1781. — Dat is so wiss, as Amen in de Karken is: Schütze, Holstein. Idiot., 1800. — Dat is so gewiss as't Amen in de Kärk; Danneil, Wb. der Altmärk. MA., 1859. — Also stets »so gewiss als«, nie »so wahr als«.
Hamburg. C. Walther.

21. Auch eine Erklärung vom Ursprunge des Minorats (XIX, 59. 80. 93. XX, 39).

London and its environs; or the general Ambulator and pocket companion for the tour of the metropolis and its vicinity, 12th ed. London 1820, II pag. 85: »Dorking, a market-town in Surrey. It is remarkable, that, according to the custom of the manor, the youngest son or brother of a customary tenant is heir to the customary estate of the tenant dying intestate. This custom is thought to have originated from the right anciently usurped by the lords of this manor, of claiming, and occasionally exercising, the privilege of passing the wedding-night with the bride of every tenant.« Also das viel behandelte Jus primae noctis des Gutsherrn soll das Minorat veranlasst haben. Die Erklärung scheint mehr fein ersonnen als richtig zu sein, da das Minorat grade vielfach bei Bauern gilt, die in historischer Zeit auf freiem Eigentum sassen. Und überdies wird das Jus primae noctis, wie es gedeutet zu werden pflegte, wohl der Sage angehören.
Hamburg. C. Walther.

22. Zum Siebensprung (XXI, 79).

a. Vgl. J. Bolte in Ndd. Jahrbuch XVIII. 16 f.
Segeberg. H. Jellinghaus.

b. Den meklenburgifchen Text zum Siebenfprung (Unfe Katt hät föben Jungen u. f. w.) hat Fr. Latendorf im Ndd. Korrefpondenzblatt XIII, 39 mitgeteilt.

Hamburg. C. Walther.

23. Unverfroren.

Franz Sandvoss behauptet im Korrefpbl. II, 95 das bekannte Berlinerifche »unverfroren« fei eine Entftellung aus niederd. unvervêrt, unerfchrocken. Dafs aber verfrarn (verfroren) = erfchrocken ift, beweift folgende Stelle aus dem Widmungsgedichte an den Kronprinzen, das an der Spitze von Klaus Groths Quickborn 2. Teil (jetzt in den Gefammelten Werken 2. Teil S. 263) erfchien:

Wa war't uns gan, uns Fründ de Däu
Wenn de uns fung!
Wi hörn't all rasseln uten Norn,
Er »Hurräh« klung uns in de Ohrn,
Wi seegen van uns Strand und Thorn
Al Damper und Smok.
Un sünd wie ok ni licht verfrarn:
Nadenkli doch ok.

Demnach ift es nicht nötig, unverfroren als eine Entftellung anzufehen; es fcheint vielmehr buchftäblich aus dem Niederdeutfchen übernommen.

Northeim. R. Sprenger.

24. Salzfeller (I, 96. II, 28. 59)

In meiner Jugend lebte das alte fellen = verkaufen noch fort in der Bezeichnung des amtlich beftellten Salzverkäufers (es war zur Zeit, als noch die Salzfteuer in Preufsen beftand), der allgemein der Salzfeller genannt wurde. Mit dem Amte ift auch das Wort verfchwunden.

Northeim. R. Sprenger.

25. Auf jeden Käfe (I, 6).

Für die Ableitung der Redensart »dat is en annern Kêf« von engl. case »Fall« fpricht auch die hochdeutfche Redensart: »Das ift auf jeden Käfe richtig.«

Northeim. R. Sprenger.

III. Litteraturanzeigen.

Hjalmar Pfilander. Die niederdeutfche Apokalypfe. Upfala. Akademiska Bokhandelen. Upsala Universitets Årsskrift 1901. XVI, 90 S. 1 kr. 75 öre.

„Die Tatſache, daſs Reimwerke nd. Dichter des 12.—13. Jh. in halbhochdeutſcher Ueberlieferung auf unſere Zeit gekommen ſind, läſst ſich nicht durch die Annahme erklären, daſs fremde Schreiber die nd. Schreibform der Originalhandſchriften verwiſcht hätten; ſie ſpiegelt die urſprüngliche Eigenart jener Literatur wieder, die unter naiver oder bewuſster Abhängigkeit von hochdeutſcher Kunſt entſtanden iſt.“

Für die Apokalypſe kann man dieſen Worten des Herausgebers hinzufügen, daſs ſie in Diktion und Versbau unverkennbar altniederländiſche Züge an ſich trägt. Der Verfaſſer war ſicher ein Niederdeutſcher, dem grade charakteriſtiſche nd. Laute und Wörter oft in die Feder flieſsen. Vielleicht dichtete er in mitteldeutſcher Umgebung oder an der Südoſtgrenze Altſachſens.

Da die Apokalypſe eine Schrift iſt, die aus tiefer Kenntnis der Menſchheitsgeſchichte verſtanden ſein will, ſo iſt die augenſcheinlich bedeutende poetiſche Gabe des Verfaſſers an ihr zu Schanden geworden. Ihre gewaltigen hiſtoriſch gedachten Bilder werden von ihm in kümmerlicher Anwendung nur auf das Thun und Laſſen des Einzelnen verbraucht. Seinen Quellen getreu operiert er mit allerlei wüſten gnoſtiſchen Mythen. Dazwiſchen liegen dann einzelne Goldkörner urchriſtlicher Auslegung, die dem Gedichte einigen Sinn und Glanz erhalten.

Der Dichter braucht für ſtark (vom Donner) **strane**, für Tempel **munster** und **bethehus**. Für Kleider gebraucht er das lat. **stola** (ere ſtolen). **Satgron**, ſattgrün, dunkelgrün würde man nicht ſo früh zu finden erwarten. Zu **lepetungen** (züngeln) hätte ndd. lipen (anmaulen) erwähnt werden müſſen.

Der Herausgeber hat alle 7 Handſchriftſragmente des Gedichtes und auch die jüngere Recenſion des 15. Jh. benutzen können und hat uns auſser dem Texte in knapper Form eine zureichende Unterſuchung desſelben geſchenkt. H. Jellinghaus.

Notizen und Anzeigen.

Beitragszahlungen ſind an unſern Kaſſenführer Herrn Joh. E. Rabe, Hamburg 1, gr. Reichenſtraſse 11, zu leiſten.

Veränderungen der Adreſſen ſind gefälligſt dem genannten Herrn Kaſſenführer zu melden.

Beiträge, welche fürs Jahrbuch beſtimmt ſind, belieben die Verfaſſer an das Mitglied des Redactions-Ausſchuſſes, Prof. Dr. W. Seelmann, Charlottenburg, Peſtalozziſtraſse 103, einzuſchicken.

Zuſendungen fürs Korreſpondenzblatt bitten wir an Dr. C. Walther, Hamburg 3, Krayenkamp 9, zu richten.

Bemerkungen und Klagen, welche ſich auf Verſand und Empfang des Korreſpondenzblattes beziehen, bittet der Vorſtand direct der Expedition, „Diedrich Soltau's Verlag und Buchdruckerei“ in Norden, Oſtfriesland, zu übermachen.

Für den Inhalt verantwortlich: Dr. C. Walther in Hamburg.
Druck von Diedr. Soltau in Norden.

Ausgegeben: September 1901.

Jahrg. 1901. Hamburg. Heft XXII. № 3.

Korrespondenzblatt
des Vereins für niederdeutsche Sprachforschung.

I. Kundgebungen des Vorstandes.

Mitgliederliste des Vereins im November 1901.

(Die geehrten Mitglieder werden ersucht, etwaige Unrichtigkeiten gütigst zu entschuldigen und deren Berichtigungen dem Kassenverwalter Herrn Joh. E. Rabe, Hamburg 1, gr. Reichenstrasse 11, gefälligst zugehen zu lassen.)

Nr. der Liste	Name	Beruf	Wohnort	Mitglied seit
1020	Abraham, D.	Dr. jur., Rechtsanw.	Neumünster	1897
923	Aldenhoven	Dr. ph., Hofrat	Köln	1894
1079	Almstedt, H. B.	Dr. ph., Universitäts-Professor	Columbia, Missouri	1901
1046	Anz, Heinr.	Dr. ph., Oberlehrer	Barmen-Rittershausen	1899
96	Babucke, Heinr.	Dr. ph., Gymn.-Dir.	Königsberg i. Pr.	1875
703	Bachmann, Fr.	Pastor	Zernin, Mecklbg.	1885
980	Baesecke, Georg	Dr. ph.	Göttingen	1896
403	Baethke, H.	Dr. ph., Oberlehrer	Lübeck	1878
791	Bäumker, Wilh.	Dr. th., Pfarrer	Rurich, Rh.-Prov.	1888
1078	Bause, Jos.	Gymnasiallehrer	Wongrowitz (Prov. Posen)	1901
1056	Beese, Wilh.	Dr. ph.	Kiel	1900
878	Beets, A.	Dr. ph.	Leiden, Holland	1891
120	Begemann, W.	Dr. ph., Schulvorst.	Charlottenburg	1875
1047	Benezé, E.	Dr. ph., Lehrer	Hamburg	1899
977	Berger, A.	Dr. ph., Univ.-Prof.	Kiel	1895
922	Berlage	Dr. ph., Dompropst	Köln	1894
803	Bernhardt, J.	Oberlehrer	Solingen	1890
41	Bernheim, E.	Dr. ph., Univ.-Prof.	Greifswald	1875
437	Bertheau, C.	Dr. th., Pastor	Hamburg	1879
1063	Bettmann, H.		Göttingen	1900
12	Bigot, C.	Dr. phil.	Hamburg	1874
417	Bindel, C.	Professor	Schalke i. W.	1878
726	Blümcke, O.	Dr. ph., Professor	Stettin	1886
919	Blumschein, Gustav	Dr. ph., Oberlehrer	Köln	1894

Nr. der Liſte	Name	Beruf	Wohnort	Mitglied ſeit
607	Börsmann, M.	Kunſtmaler	Hannover	1882
949	Bojunga, K. H.	Dr. ph.	Hannover	1895
644	Bolte, J.	Dr. ph., Gymn.-Prof.	Berlin	1883
388	Bolten, K.	Rentner	Schwerin	1878
1019	Borchling, Conrad	Dr. ph.	Göttingen	1897
589	Brandes, H.	Dr. ph., Oberlehrer	Potsdam	1881
772	Brandl, Al.	Dr. ph., Univ.-Prof.	Berlin	1887
129	Braune, W.	Dr. ph., Univ.-Prof.	Heidelberg	1875
478	Brehmer, W.	Dr. jur., Bürgermeiſter	Lübeck	1879
707	Bremer, O.	Dr. ph., Univ.-Prof.	Halle a. S.	1885
1002	Brenneckam, Max	Dr. ph., Oberlehrer	Pankow bei Berlin	1896
1042	Brinkmann, W.	Oberlehrer	Eſchweiler bei Aachen	1899
1018	Brons, B.	Konſul	Emden	1897
702	Brümmer, W.	Senator	Roſtock	1885
63	Brütt, Fr.	Geheimrat	Rendsburg	1875
1041	Burchardi, G.	Dr. ph.	Paris	1899
536	Burdach, K.	Dr. ph., Univ.-Prof.	Halle a. S.	1880
831	Burg, Fr.	Dr. ph., Bibliothek-ſekretär	Hamburg	1889
1075	Buſch*), Herm.	Amtmann	Dork a. d. Lippe	1901
854	Campe, Victor	Dr. ph., Profeſſor	Putbus, Rügen	1890
351	Carſtens, H.	Lehrer	Dahrenwurth b. Lunden	1878
1016	Claerhout, J.	Abbé	Pitthem, Belgien	1898
482	Collitz, H.	Dr. ph., Profeſſor	Bryn Mawr Collg., Philadelphia	1879
561	Coutzen, L.	Dr. ph., Gymn.-Dir.	Bonn	1881
774	Creizenach, W.	Dr. ph., Univ.-Prof.	Krakau	1888
1054	Crome, Bruno	Dr. phil.	Göttingen	1900
479	Crull, F.	Dr. med.	Wismar, Meckbg.	1879
630	Damköhler, Ed.	Profeſſor	Blankenburg a. H.	1882
1064	Deicke, Ludw.	Dr. ph.	Göttingen	1900
852	Dirkſen, Karl	Lehrer	Meiderich bei Ruhrort	1890
681	Diſſel, C.	Dr. ph., Profeſſor	Hamburg	1884
1031	Döbner, Richard	Dr. ph., Geh. Archivrat	Hannover	1899
906	ten Doornkaat Koolman, J.	Fabrikant	Norden	1893
867	Ehrismann, Guſtav	Dr. ph.	Heidelberg	1891
1021	Elliſſen, O. A.	Dr. ph., Gymnaſial-Oberlehrer	Einbek	1898
892	Euling, Karl	Dr. ph., Gymnaſial-Oberlehrer	Königsberg i. Pr.	1893

*) In der vorigen Nummer S. 1 iſt leider durch einen Leſefehler der Name zu Volſch entſtellt worden, was wir freundlichſt zu entſchuldigen bitten.

Nr. der Liste	Name	Beruf	Wohnort	Mitglied seit
1053	Evers, G. A.	Buchhandlung	Groningen	1900
348	Fabricius, G.	Oberlehrer	Bützow	1878
874	Fafs, C.	Dr. ph., Oberlehrer	Halberftadt	1891
5	Feit, P.	Dr. ph., Gymnafial-Direktor	Breslau	1874
760	von Fleifchhacker	Dr. ph.	Graz in Steierm.	1887
917	Franck, J.	Dr. ph., Univ.-Prof.	Bonn a. Rh.	1894
22	Frensdorff, F.	Dr. jur., Univ.-Prof., Geh. Juftizrat	Göttingen	1875
665	Freybe, Alb.	Dr. th. u. ph., Profeffor	Parchim	1884
939	Friebe, Carl	Dr. ph., Oberlehrer	Greifswald	1894
1005	Fritz, Gottl.	Dr. ph., Oberlehrer	Charlottenburg	1897
160	Fuhlhage, K.	Profeffor	Minden	1876
261	Gallée, J. H.	Dr. ph., Univ.-Prof.	Utrecht	1876
952	Gafter, B.	Dr. ph., Oberlehrer	Stralfund	1895
373	Gebert, W.	Dr. ph., Gymnafiallehrer	Bremen	1878
842	Gillhoff, J.	Lehrer	Parchim	1889
884	Gloede, O.	Dr. ph., Oberlehrer	Doberan	1891
986	Goebel, F.	Dr. ph.	Hannover	1896
872	Goedel	Marine-Oberpfarrer	Wilhelmshafen	1891
450	Goetz, G.	Dr. med., Ober-Medizinalrat	Neuftrelitz	1879
1037	Gohdes, O.	Oberlehrer	Bielefeld	1899
965	Golther, W.	Dr. ph., Univ.-Prof.	Roftock	1895
191	Grabow, Aug.	Dr. ph., Schulrat	Berlin	1876
64	Gräfe, Luc.	Buchhändler	Hamburg	1875
1043	Graffunder, P.	Dr. ph., Oberlehrer	Schöneberg bei Berlin	1899
449	Graupe, Bruno	Dr. ph., Profeffor	Berlin	1879
462	Grevel, W.	Rentner	Düffeldorf	1879
17	Hänfelmann, Ludw.	Dr. jur., Prof., Stadt-Archivar	Braunfchweig	1874
382	Hagedorn, A.	Dr., Senatsfekretär	Hamburg	1878
868	Hahn, Diedr.	Dr. jur.	Berlin	1891
929	Hamm	Geh. Juftizrat, Oberlandesger.-Präf.	Köln	1894
857	Hanfen, Ernft	Oberlehrer	Flensburg	1890
1080	Hanfen, Reimer	Dr. ph., Profeffor	Oldesloo	1901
914	Harder, Chrift.	Dr. ph., Oberlehrer	Neumünfter	1894
761	Hartmann, Hugo	Dr. ph., Oberlehrer	Steglitz b. Berlin	1887
139	Hattenbach	Landesgerichtspräfident a. D.	Oldenburg i. Grht.	1875
1077	Helm, Karl	Dr. ph., Privatdocent	Gieffen	1901
384	Henning, R.	Dr. ph., Univ.-Prof.	Strafsburg	1878
104	Heyne, M.	Dr. ph., Univ.-Prof.	Göttingen	1875

1*

Nr. der Liste	Name	Beruf	Wohnort	Mitglied seit
721	Hoeck, N. F.	Oberlehrer	Rendsburg	1885
162	Hölscher, L.	Dr. ph., Prof. emer.	Herford	1876
695	Hofmeister, A.	Dr. ph., Universitäts-Bibliothekar	Rostock	1885
1081	Holst, Clara, Fräulein		Kristiania, Valkyriegade 7 II.	1901
1062	Horstmann, L.	Buchhändler	Göttingen	1900
786	v. Hülst, Th.	Gutsbesitzer	Lintel b. Norden	1888
395	Hünnekes	Dr. ph., Progymn.-Direktor	Linz a. Rhein	1878
813	Ilgen	Dr. ph., Archivar	Münster i. W.	1889
848	Ipsen, J.	Landrichter	Hamburg	1890
1032	Jacobi, C. Ad.	Kaufmann	Bremen	1898
164	Jänisch, J.	Dr. ph.	Hamburg	1876
427	Jellinghaus, C.	Pastor	Wallenbrück b. [Enger	1879
16	Jellinghaus, H.	Dr. ph., Realschul-Direktor	Osnabrück	1874
899	Joachim, H.	Dr. ph.	Hamburg	1893
686	Jostes, Franz	Dr. ph., Univ.-Prof.	Münster i. W.	1885
766	Kahle, B.	Dr. ph., Univ.-Prof.	Heidelberg	1887
713	Kalff, G.	Dr. ph., Univ.-Prof.	Utrecht	1885
751	Kauffmann, Fr.	Dr. ph., Universitäts-Professor	Kiel	1887
723	Kehrbach, K.	Dr. ph., Professor	Charlottenburg	1885
950	Kirchhoff, F.	wissensch. Lehrer	Leer, Ostfriesl.	1895
940	Kluge, F.	Dr. ph., Universitäts-Professor	Freiburg i. B.	1894
1061	Knauer, Fr.		Göttingen	1900
592	Knoop, Otto	Oberlehrer	Rogasen	1881
424	Kochendörffer, K.	Dr. ph., Ober-Bibliothekar	Königsberg i. Pr.	1879
8	Köhler, H.	Lehrer	Hamburg	1874
549	Könnecke	Dr. ph., Archivrat	Marburg i. H.	1880
841	Köster, A.	Dr. ph., Universitäts-Professor	Leipzig	1889
1073	Kohn, Fr.	Rechtsanwalt	Dortmund	1901
767	Konrath	Dr. ph., Universitäts-Professor	Greifswald	1888
7	Koppmann, K.	Dr. ph., Stadt-Archivar	Rostock	1874
1039	Krause, G.	Dr. ph., Oberlehrer	Düsseldorf	1898
1041	Kraut	Oberamtsrichter	Lüneburg	1899
981	Kück, Ed.	Dr. ph., Oberlehrer	Friedenau bei Berlin	1896
1059	Langenberg, R.	Dr. ph., Handelsschul-lehrer	Osnabrück	1900

Nr. der Liste	Name	Beruf	Wohnort	Mitglied seit
1046	Lappenberg, A.	Dr. jur., Senator	Hamburg	1899
978	Leithäuſer, J.	Dr. ph., Oberlehrer	Barmen	1896
988	Leitzmann, Alb.	Dr. ph., Univerſitäts-Profeſſor	Jena	1896
415	von Lenthe	Obergerichtsrat a. D.	Lüne bei Lüneburg	1878
743	Lenz, Fr.	Geh. Kommerzienrat	Berlin	1886
805	Leonhardt, K. M.	Buchdruckerei-beſitzer	Hannover	1889
203	Liebermann	Dr. ph., Profeſſor	Berlin	1876
1069	Lieſau	Dr.	Bremen	1901
969	Linſe, E.	Dr. ph., Profeſſor	Dortmund	1895
411	Loerſch	Dr. ph., Univ.-Prof., Geh. Reg.-Rat	Bonn	1878
833	Loewe, Rich.	Dr. phil.	Berlin	1889
976	Lonke, A.	Oberlehrer	Bremen	1895
732	Lücke, Otto	Dr. ph., Gymnaſial-Direktor	Leer, Oſtfrsld.	1886
663	Luther, Joh.	Dr. ph., Bibliothekar	Berlin	1884
642	Maaſs, Ernſt	Verlagsbuchhändler	Hamburg	1883
968	Mack, H.	Dr. ph., Archiv-aſſiſtent	Braunſchweig	1895
752	Manke, P.	Profeſſor	Anklam	1887
45	Martin, E.	Dr. ph., Univ.-Prof.	Straſsburg i. E.	1875
784	Maurmann, E.	Dr. ph.	Marburg i. H.	1888
958	Meier, John	Dr. ph., Univ.-Prof.	Baſel	1895
948	Meiſsner, R.	Dr. ph.	Göttingen	1895
641	Mencke, Max	Univerſitäts-Buchhändler	Erlangen	1883
1017	Menſing, Otto	Dr. ph., Gymnaſial-lehrer	Kiel	1897
1065	Merkel, J.	Dr. jur., Univ.-Prof.	Göttingen	1900
1027	Meyer, Heinr.	Dr. ph.	Göttingen	1898
277	Meyer, Joh.	Direktor der Idioten-anſtalt	Kiel	1877
909	Meyer, K.	Dr. ph., Bibliothekar	Hannover	1893
737	Meyer, Rich. M.	Dr. ph., Profeſſor	Berlin	1887
1009	Michels, Victor	Dr. ph., Univ.-Prof.	Jena	1897
48	Mielck, J. B.	Dr. ph., Apotheker	Hamburg	1875
3	Mielck Ww., Frau Dr. W. H.		Hamburg	1896
855	Möller, B. P.	Hauptlehrer	Hamburg	1890
1074	Moormann, B.	Gutsbeſitzer	Werne a. Lippe	1901
276	Moſen, R.	Dr. ph., Ober-Bibliothekar	Oldenburg i. Gr.	1877
725	Muller, J. W.	Dr. ph.	Leiden	1885

Nr. der Liste	Name	Beruf	Wohnort	Mitglied seit
331	Mummenhoff, W.	Professor	Recklinghausen	1877
495	Napier, A.	B. A., Professor	Oxford	1879
704	Nehring, K.	Dr. ph., Professor	Berlin	1885
30	Nerger, K.	Dr. ph., Gymnasial-lehrer	Rostock	1875
615	Nissen, C. A.	Dr. ph., Professor	Kopenhagen	1883
253	Nitzsch	Dr. ph., Geh. Reg.-Rat	Bielefeld	1876
650	Nörrenberg, K.	Dr. ph., Bibliothekar	Kiel	1884
1040	Nöldeke, Otto	Pastor	Mechtshausen	1899
967	Nolting, H.	Lehrer	Anuenkamp	1895
905	von Oefele, Felix, Baron	Dr. med., Arzt	Bad Neuenahr	1893
798	Ostendorf	Gymn.-Direktor	Bunzlau	1888
271	Pauli, C.	Dr. ph., Professor	Lugano	1877
494	Peters, Ignaz	Professor a. D.	Leitmeritz i. B.	1879
973	Petsch, R.	Dr. ph.	Würzburg	1895
882	Pickert, W.	Oberlehrer	Stolp i. P.	1892
869	Pietsch, P.	Dr. ph., Professor	Berlin	1891
776	Pott, Aug.		Witten a. d. R.	1888
451	Prieger, Erich	Dr. ph.	Bonn	1879
956	Priesack, J.	Dr. ph., Archivar	Breslau	1895
273	Prochownick, H.	Dr. med., Arzt	Hamburg	1877
789	Puls, A.	Dr. ph., Gymnasial-Professor	Altona	1883
393	Pyl, Th.	Dr. ph., Univ.-Prof.	Greifswald	1878
740	Rabe, Johs. E.	Kaufmann	Hamburg	1887
871	Rabius	Oekonomie-Kommissionsrat	Lüneburg	1891
1000	Raebel, Otto	Dr. ph., Rektor	Finsterwalde	1896
1052	Rapp, G.	Dr. jur., Rechtsanwalt	Hamburg	1899
1036	Rathje	Buchhändler	Neumünster	1897
557	Rautenberg, Ernst	Dr. ph., Prof., Realschul-Direktor	Hamburg	1880
992	Reichard, E.	Dr.	Bremen	1896
793	Reiche, Th.	Lehrer	Braunschweig	1888
1025	Reicke, J.	Dr. ph., Bibliothekar	Göttingen	1898
183	Reifferscheid, Alex.	Dr. ph., Geh. Reg.-Rat, Univ.-Prof.	Greifswald	1876
889	Reimers, Fr.	Dr. jur., Rechtsanwalt	Hamburg	1892
610	Remmers, J.	Superintendent	Harburg a. Elbe	1882
515	Reuter, Fr.	Professor	Altona	1880
233	Rimpau, W.	Dr. ph., Amtsrat	Schlanstedt bei Wegeleben	1876
777	Ritter, Fr.	Dr. ph., Professor	Emden	1887
1015	Rivnáč, Fr.	Buchhändler	Prag	1897

Nr. der Liste	Name	Beruf	Wohnort	Mitglied seit
659	Rödiger, Max	Dr. ph., Univ.-Prof.	Berlin	1884
347	Röhrs, L. C.	Redakteur	Northeim	1878
1055	Römheld, Heinr.	Dr. ph.	Veckerhagen, Heffen-Naffau	1900
620	Roethe, G.	Dr. ph., Univ.-Prof.	Göttingen	1882
662	Roetteken, H.	Dr. ph., Privatdocent	Würzburg	1884
885	Rogge	Dr. ph., Gymnafial-Direktor	Neuftettin	1892
1049	Rofenhagen, G.	Dr. ph., Oberlehrer	Hamburg	1899
545	Rothftein, J. W.	Dr. th., Univ.-Prof.	Halle a. S.	1880
4	Rüdiger, Otto	Dr. ph.	Hamburg	1874
961	Rüther, H.	Paftor	Neuenwalde, Kr. Lehe	1895
989	Ruhfus, W.	Dr. ph.	Dortmund	1896
755	Runge, Fr.	Profeffor	Osnabrück	1887
293	Sandvofs, F.	Redakteur der Weimar. Zeitung	Weimar	1877
76	Sartori, A.	Gymnaf.-Profeffor	Lübeck	1875
913	Safs, Karl	Dr. ph., Oberlehrer	Glückftadt	1894
553	Sauerwein	Dr. ph., Schulrat	Neu-Brandenburg	1880
81	Schäfer, Dietr.	Dr. ph., Univ.-Prof.	Heidelberg	1875
910	Schäfer, H.	Gymnafial-Direktor	Hannover	1893
838	Schaper, W.	Dr. ph.	Blankenburg a. Harz	1889
837	Schaub, Ed.	Dr. ph., Oberlehrer	Colberg	1889
212	Schlüter, W.	Dr. ph., Univ.-Ober-Bibliothekar, Hofrat	Dorpat	1876
997	Schmidt, Ad.	Senator, Kaufmann	Bremen	1896
754	Schmidt, Erich	Dr. ph., Univ.-Prof.	Berlin	1887
963	Schmidt-Wartenberg, H.	Dr. ph., Univ.-Prof.	Chicago	1895
529	Schöffer, C.	Kaufmann	Amfterdam	1880
666	Schrader, Th.	Dr. jur., Landgerichtsdirektor	Hamburg	1884
826	Schriever	Domkapitular	Osnabrück	1889
130	Schröder, C.	Dr. ph., Reg.-Rat u. Bibliothekar	Schwerin	1875
319	Schröder, Edward	Dr. ph., Univ.-Prof.	Marburg i. H.	1877
794	Schröder, H.	Dr. ph., Gymnafial-Lehrer	Kiel	1888
1014	Schröder, Ludwig	Lehrer	Iferlohn	1897
861	Schröder, Otto	Dr. ph., Gymn.-Prof.	Berlin	1890
792	Schüddekopf, C.	Dr. ph., Affiftent am Goethe- u. Schiller-Archiv	Weimar	1889

Nr. der Liste	Name	Beruf	Wohnort	Mitglied seit
974	Schönemann	Gymnas.-Professor	Greifswald	1895
799	Schultz, Frd.		Wismar	1888
1045	Schulze, Osw.	Oberlehrer	Gnesen	1899
1006	Schulze, Wilh.	Dr. ph., Univ.-Prof.	Göttingen	1897
315	Schumann, C.	Professor	Lübeck	1877
77	Schuster, J.	Dr. ph.	Hamburg	1875
954	Schwarz, Friedr.	Dr. ph., Gymnasial-Lehrer	Rostock	1895
971	Schwering, E.	Dr. ph., Privatdozent	Münster	1895
274	Seelmann, W.	Dr. ph., Professor, Ober-Bibliothekar	Charlottenburg	1877
648	Seitz, K.	Dr. ph., Gymnasial-Direktor	Itzehoe	1883
769	Siebs, Th.	Dr. ph., Univ.-Prof.	Greifswald	1888
1012	Sieveking, Herm.	Dr. med., Physicus	Hamburg	1897
911	Sievers, Ed.	Dr. ph., Univ.-Prof.	Leipzig	1893
779	Singer, S.	Dr. jur. u. ph., Univ.-Professor	Bern	1888
1066	Singer, R.		Bronswiec, Galiz.	1900
938	Soltau, Otto	Verlagsbuchhändler	Norden	1894
1050	Spitzer, Joh.	Dr. ph., Bibliotheks-Sekretär	Hamburg	1899
317	Sprenger, R.	Dr. ph., Professor	Northeim	1877
651	Stachle, A.	Hauptmann a. D.	Neuenhaus bei Osnabrück	1886
167	Starck, Chr.	Dr. ph., Professor	Doberan	1876
1072	Steinbach, Otto	Gymnas.-Oberlehrer	Bielefeld	1901
902	Stoelting, Alwin	Oberlehrer	Witten i. W.	1893
893	Stoett, F. A.	Dr. ph., Gymnasial-Lehrer	Amsterdam	1893
333	Strauch, Ph.	Dr. ph., Universitäts-Professor	Halle a. S.	1878
783	Stübe, Joh.	Kaufmann	Hamburg	1888
258	Stuhlmann, E. J. A.	Dr. ph., Schulrat	Hamburg	1876
975	Teut, H.	Postverwalter	Fuhlsbüttel bei Hamburg	1895
361	Tümpel, H.	Dr. ph., Oberlehrer	Bielefeld i. W.	1878
74	Ulex, G.	Apotheker	Hamburg	1875
716	Verdam, J.	Dr. ph., Univ.-Prof.	Leiden	1885
762	Vogt, F.	Dr. ph., Univ.-Prof.	Breslau	1887
13	Voigt, J. F.	Dr. jur., Rat	Hamburg	1874
1013	Volckmar, Erich	Oberlehrer	Höxter	1897
1028	Voss, C.	Lehrer	Kiel	1898
920	Voulliéme, Ernst	Dr. ph., Bibliothekar	Halensee bei Berlin	1894
1022	Wadstein, Elis	Dr. ph., Univ.-Prof.	Gotenburg	1897

Nr. der Liste	Name	Beruf	Wohnort	Mitglied seit
1060	Wagner, Ferd.	Dr. ph., Stadtarchivar	Göttingen	1900
634	von Waldberg, Max, Freiherr	Dr. ph., Univ.-Prof.	Heidelberg	1883
2	Walther, C.	Dr. phil.	Hamburg	1874
1071	Weber, Hugo	Beamter	Hamburg	1901
75	Welpmann, Karl	Professor	Hagen i. W.	1875
332	Wendeler, C.	Dr. ph., Prof.	Steglitz bei Berlin	1877
205	Wenker, G.	Dr. ph., Prof., Ober-Bibliothekar	Marburg i. H.	1876
964	Wernsing, Heinr.		Greenview, Illinois	1895
523	Wesmöller, Franz	Professor	Brilon	1880
935	Wiepen	Dr. ph., Professor	Köln	1894
493	Wiesemann, A.	Marine-Oberpfarrer	Kiel	1879
51	Winkler, Joh.	Arzt	Haarlem	1875
499	Wohlwill, A.	Dr. ph., Professor	Hamburg	1879
875	Wolff, H.	Kommerzienrat	Braunschweig	1891
696	Wossidlo, Rich.	Gymnas.-Oberlehrer	Waren i. Mecklb.	1885
708	Wrede, F.	Dr. ph., Univ.-Prof.	Marburg i. H.	1885
1076	Wynen	Bürgermeister	Werne a. d. Lippe	1901
364	Zahn, W.	Bibliothekar	Hamburg	1878
881	Zernial	Dr. ph., Professor	Gr. Lichterfelde	1892
126	Zimmermann, Paul	Dr. ph., Archivar	Wolfenbüttel	1875
946	Zincke, Th.	Dr. ph., Univ.-Prof.	Marburg	1895

Anstalten und Vereine.

Nr. der Liste	Ort	Namen	Mitglied seit
676	Aurich	Ostfriesische Landschaft	1884
137	Berlin	Gesellschaft für das Studium der neueren Sprachen	1875
144	Berlin	Königliche Bibliothek	1876
145	Berlin	Universitäts-Bibliothek	1876
339	Berlin	Gesellschaft für deutsche Philologie	1878
694	Berlin	Germanisches Seminar der Universität	1885
722	Berlin	Verein Quickborn	1885
1038	Berlin	Verein der Mecklenburg-Schweriner	1898
18	Braunschweig	Stadtbibliothek	1874
89	Braunschweig	Gymnasialbibliothek	1875
679	Bremen	Archiv	1884

Nr. der Liste	Ort	Namen	Mitglied seit
990	Bremen	Stadtbibliothek	1896
982	Bryn Mawr Pa. U. St.	Bryn Mawr College	1896
1067	Danzig	Stadtbibliothek	1900
422	Detmold	Landesbibliothek	1879
170	Düſſeldorf	Königliche Landesbibliothek	1876
859	Einbeck	Realprogymnaſium	1890
493	Emden	Bibliothek der Geſellſchaft für bildende Kunſt und vaterländ. Altertümer	1879
936	Emmerich	Gymnaſialbibliothek	1894
1051	Eutin	Groſsherzogliche Bibliothek	1899
845	Freiburg i. B.	Univerſitätsbibliothek	1889
735	Gieſsen	Univerſitätsbibliothek	1888
944	Glückſtadt	Gymnaſium	1894
844	Göttingen	Königl. Seminar für deutſche Philologie, Univerſität	1889
1010	Gothenburg	Stadtbibliothek	1897
828	Greifswald	Univerſitätsbibliothek	1889
829	Greifswald	Germaniſtiſches Seminar der Univerſität	1889
657	Halle	Königliche Univerſitätsbibliothek	1884
99	Hamburg	Stadtbibliothek	1875
154	Hannover	Stadtbibliothek	1876
248	Heidelberg	Univerſitätsbibliothek	1876
1058	Innsbruck	Kaiſ. Königl. Univerſitätsbibliothek	1900
481	Kaſſel	Ständiſche Landesbibliothek	1879
1008	Kiel	Germaniſtiſches Seminar der Univerſität	1897
1026	Kiel	Schleswig-Holſt. Landesbibliothek	1898
1070	Kiel	Verein Quickborn	1901
110	Königsberg	Königliche Univerſitäts-Bibliothek	1875
904	Leiden	Maatſchappij der Nederlandſche Letterkunde	1893
247	Leipzig	Univerſitäts-Bibliothek	1876
710	Leipzig	Königl. deutſches Seminar der Univerſität	1885
349	Lübeck	Stadtbibliothek	1878
865	Marburg i. H.	Germaniſtiſches Seminar der Univerſität	1890
895	Marburg i H.	Univerſitätsbibliothek	1893
970	Münſter i. W.	Königliche Pauliniſche Bibliothek	1895
107	Oldenburg	Groſsherzogliche öffentliche Bibliothek	1875
750	Quedlinburg	die Stadt	1887
886	Riga	Geſellſchaft für Geſchichte und Altertumskunde der Oſtſeeprovinzen Ruſslands	1892
173	Roſtock	Groſsherzogliche Univerſitäts-Bibliothek	1876
880	Roſtock	Gymnaſialbibliothek	1892
896	Salzwedel	Altmärkiſcher Verein für Vaterländiſche Geſchichte und Induſtrie	1893
436	Schleswig	Königliches Staatsarchiv	1879

Nr. der Liste	Ort	Namen	Mitglied seit
360	Schwerin	Verein für Mecklenburgische Geschichte und Altertumskunde	1876
639	Soest	Verein für die Geschichte von Soest und der Börde	1883
272	Stade	Verein für Geschichte und Altertumskunde der Herzogt. Bremen und Verden und des Landes Hadeln	1877
520	Stettin	Gesellschaft für Pommersche Geschichte und Altertumskunde	1880
358	Strafsburg	Kaiserliche Universitäts- und Landesbibliothek	1878
1057	Tübingen	Königliche Universitätsbibliothek	1900
887	Upsala	Königliche Universitätsbibliothek	1892
582	Weimar	Grofsherzogliche Bibliothek	1881
101	Wernigerode	Fürstlich Stolbergsche Bibliothek	1875
1068	Wiesbaden	Nassauische Landesbibliothek	1901
504	Wismar	Bibliothek der grofsen Stadtschule	1879
19	Wolfenbüttel	Ortsverein für Geschichte und Altertumskunde	1874
86	Wolfenbüttel	Herzogliche Bibliothek	1875
864	Worms	Paulus-Museum	1890

II. Mitteilungen aus dem Mitgliederkreise.

Bûchten (XXII, 20).

a. In der Stelle im Koker S. 324: vele wardt begrepen myt der handt, dat me darmede wyl bûchten haben wir nach Walther nicht das Verb bûchten, nnd. buchten 'biegen' zu sehen, sondern ein anderes buchten, das wie bagen nicht blos prahlen, sondern ebenfalls entweder 'seinen Uebermut treiben' oder auch 'in nichtiger, eitler Weise tändeln' oder Aehnliches bedeutet haben mag. Der Gedanke der Sentenz im Koker wäre etwa: 'Mancher setzt sich in den Besitz von Dingen, um mit ihnen zu prahlen, sein übermütiges Spiel zu treiben, seiner Eitelkeit und Hoffahrt zu fröhnen', während die (übrigens nicht von mir gegebene) Uebersetzung: 'Vieles wird mit der Hand ergriffen, was man (oder: dafs man es) damit d. h. mit der Hand (oder: dadurch d. h. durch das Ergreifen) biegen will' eine Sentenz enthielte, die man dem Verfasser des Koker nicht zuzuschreiben brauche. Für seine Ansicht macht Walther noch geltend, dafs buchten 'biegen' eine erst in der Neuzeit nachweisbare Ableitung von Bucht sei.

Wenn auch buchten erſt in der Neuzeit nachweisbar iſt, ſo geht daraus nicht mit Notwendigkeit hervor, daſs dieſe Bildung nicht älteren Datums ſein kann. Ich für meine Perſon halte ſie für älter. So oft ich den Koker geleſen habe, habe ich den Eindruck gehabt, daſs er nach Inhalt wie Sprache nicht mehr rein mnd. ſei, und doch ſtimme ich Walther bei. daſs er älter iſt, daſs er von dem Braunſchweiger Zollſchreiber Herman Bote verfaſst iſt (Nd. Korr. VI, 67 ff.). Wie erklärt ſich dieſer Widerſpruch? Die Sentenzen, die der Koker enthält, ſind echt volkstümlich, ſtammen aus dem Volke, und Volksſprache und Volksauffaſſung damaliger Zeit ſtehen von Sprache und Auffaſſung des Volkes heutiger Zeit nicht ſo weit ab, wie man nach Sprache und Inhalt der andern mnd. Denkmäler annehmen ſollte. Der Koker zeigt, wie zur Zeit ſeiner Entſtehung das Volk ſprach und dachte, und lehrt. daſs buchten, obwohl erſt in der Neuzeit nachweisbar, doch älter iſt. Vgl. auch ags. byht, mittelengl. boght 'Bucht'.

Walthers Anſicht, dass an unſerer Stelle büchten nicht 'biegen' bedeuten könne, hängt mit ſeiner Erklärung derſelben zuſammen. Weder die Ueberſetzung: 'Vieles wird mit der Hand ergriffen, was man damit biegen will' noch die andere: 'Mancher ſetzt ſich in den Beſitz von Dingen, um mit ihnen zu prahlen' ſcheinen mir das Richtige zu treffen. Ich halte vele nicht für Subſt. Vieles, ſondern für das Adverb viel, häufig und überſetze: 'Häufig wird (dasjenige) mit der Hand befaſst, angefaſst, was man damit d. h. mit der Hand biegen will.' Man denke ſich nur, man wollte einen fingerdicken Stock oder überhaupt Holz mit der Hand biegen, z. B. zu einem Bogen (bejjel) an der Senſe, ſo läſst ſich das nicht mit einem Ruck ermöglichen, ſonst würde das Holz brechen, ſondern durch allmähliches Biegen, indem man die Hand immer ein wenig weiter ſetzt und ſomit das Holz viel, oft be- oder anfaſst. Das kommt im praktiſchen Leben oft vor, ich kenne es aus eigener Erfahrung. Die Sentenz entſpricht alſo thatſächlichen Verhältniſſen und iſt echt volkstümlich. Der Zuſatz myt der handt, der in Walthers Ueberſetzung nicht hervortritt, aber gerade weſentlich iſt, ſpricht beſonders gegen die Richtigkeit ſeiner Deutung. Die Sentenz iſt vermutlich in übertragenem Sinne gebraucht wie ſo viele andere; ſo bedeutet in Cattenſtedt die Redensart: wën de kau hërt, dë fât ſe bi'n ſchwanze ein jeder ſorge für oder bekümmere ſich um das Seine, ſonſt geht es verloren.

Blankenburg a. H. Ed. Damköhler.

b. In der Ueberſetzung der Verſe im Koker durch 'Häufig wird (dasjenige) mit der Hand befaſst, angefaſst, was man damit, d. h. mit der Hand biegen will' kann ich keinen allgemeinen Erfahrungsſatz erkennen. Gar manches wird gleich beim erſten Griff gebogen. Man hätte erwartet: vele wardt vaken begreppen etc., vieles wird häufig befaſst. Ebenſo ſteht 'vele' für 'vieles' Koker S. 337: vele wart vor dem halſe vorſmacht (abgedarbt, durch Hungern erſpart) und wart doch denne nicht geſpard. Aber 'vaken' fehlt in der ſtreitigen Sentenz; dagegen ſoll 'vele' dasſelbe beſagen und 'vele begripen' vom häufigen Anfaſſen verſtanden werden. Nun iſt zwar richtig, daſs 'vele' im Mndd. nicht bloſs eine Vielheit, Menge bezeichnete, ſondern auch als Adverb ſowohl vor anderen Adverben und vor Adjectiven, wie im Mhd., als auch vor Verben den Begriff derſelben verſtärkte und ſchlieſslich ſogar zur Bezeichnung der Wiederholung des Verbalbegriffes diente. In einem Vocabular bei Dieſenbach, Novum Gloſſarium etc., wird ſaepe z. B. gloſſiert: dicke, vel, vele, vake, vaken, ſtedeliken. Allein ſolche iterative Verwendung von 'vele' fand doch gewiſs ihre Einſchränkung durch das Gebot der Verſtändlichkeit. In 'vele wardt begreppen myt der handt' würde 'vele', als 'häufig' verſtanden, unrichtig getrennt von 'begreppen' ſtehen; es hätte heiſsen müſſen: 'dat wardt vele begreppen myt der handt etc.' Wie aber die Worte lauten, 'vele wardt begreppen etc.', wird jeder Leſer ohne weiteres 'vele' als 'vieles' verſtehen. Die Auffaſſung als 'häufig' läſst ſich auch nicht aus dem Sprachgebrauch des Kokers rechtfertigen.

Vele im Sinne von oft, häufig wird meiſtens in Verbindung mit vaken und dicke gebraucht, ſo auch im Koker: de vaken und vele wil drinken S. 306, men roept vaken und vele to yodule S. 331; de wart vaken und vele beſtolen S. 347; de let ſik vaken und vele beſchauwen S. 360; de doen dicke und vaken ſchaden S. 367; vele wenen und vaken ſüchten, dat maket eyn unſrölik herte S. 324. Ferner wird gerne im Vorderſatz 'vele', im Nachſatz ein Synonym gebraucht: de vele wil in den düſtern ghan, de ſtott ſik vaken an de ſchenen S. 310; we de vele rennet in der ſchare, den ſilt me dicke ſtorten S. 317; de vele wil ryen ane toem, de licht vaken in dem ſande S. 318; wor men dat haer wil vele plücken, dar kumpt dicke overmaut ut S. 369. Wo 'vele' allein ſteht, reicht man zum Verſtändniſs mit den Bedeutungen 'viel' oder 'ſehr' aus: wat kan me dar vele raſſelen[1]) dar mo umb natelremen plutert[2]) S. 339; mennich ſik mit pralen vele vormit (ſich vermiſst, ſich aufſpielt), und is doch men idel armaut S. 322. Den Sinn von 'häufig' kann ich höchſtens bemerken in der Stelle S. 341: dar me de keſſerlinge vele wetert,[3]) dar denkt men wer (weder) to seden efte (noch) to braden. In dieſen Fällen ſteht 'vele' aber dicht vor dem Verb, zu dem es dem Sinne nach gehört. Wenn das Adverb 'oft' den Satz beginnt, ſo vermeidet der Koker das misverſtändliche 'vele' und ſetzt 'vaken' dafür: vaken ſyn grote ſtanke in eyner kulen S. 313; vaken oyn dem andern drauwet S. 317; we ſine vyende to ringe vorſleyt, vaken dat it öme achterna ruwet S. 358. Dieser Sprachgebrauch ſpricht ſtark gegen Damköhler's Erklärung.

Sodann buchten im Sinne von biegen und als ſchon mittelalterliches Wort. Wie 'flüchten' nicht ganz dasſelbe bedeutet wie 'fliehen', ſondern urſprünglich 'in die Flucht ſchlagen' und 'durch Flucht in Sicherheit bringen' und ſich erſt ſpät aus dem reflexiven 'ſich flüchten' die intranſitive Notion 'fliehen' entwickelt hat, ebenſo haben die von mir angeführten bugte, bochten, verbochten nicht den allgemeinen Sinn von 'biegen', ſondern drücken begrenzte Modificationen des Begriffes aus. Und dasſelbe wird auch mit dem Braunſchweigiſchen buchten der Fall

[1]) eig. lärmen, toben, ſpeciell mit den Würfeln raſſeln und klappern, würfelſpielen, dann überhaupt ein Glückſpiel ſpielen, endlich ſoviel wie durch Glückſpiel und ſonſt ohne Mühe, durch Zufall gewinnen; ſo hier und in Bote's Schichtbuch (Hänselmann, Braunſchweig. Chron. II, 415, 4): dar konde neymet neyn vordel mer ané raſſelen, an einer Geldsorte keinen Profit mehr machen.

[2]) pluteren? natelremen, Neſtel-, Hoſenriemen.

[3]) wo man die heiſsen Steine (in der Badſtube) zur Qualmerzeugung mit Waſſer begieſst, im Gegenſatz zur Benutzung der Kieslinge beim Feuerſchlagen.

sein. Schon dass es, wie aus Damköhler's Angabe wohl geschlossen werden darf, nur reflexiv gebraucht wird, gehört dahin. Schwerlich wird man es transitiv gebrauchen, wie in der Stelle des Kokers angenommen ist, und etwa sagen: 'ek buchte den Stock', höchstens intransitiv: 'de Stock buchtet'? Ich möchte fast vermuthen, dass dies buchten vielleicht gar keine Ableitung aus dem Substantiv Bucht ist, vielmehr aus Misverständnis der obsolet gewordenen Praesensform he bucht des stark flectierten bûgen, resp. bêgen, sich biegen, intrans. biegen, vom Volke gebildet worden ist. Diese Form findet sich im Koker z. B. S. 365: beter is de rode de dar bucht, wen (als) de rode de da brikt und knicket, während er das aus 'bugen' abgeleitete schwache bögen transitiv verwendet: we da eynen penning to sere boget, de breke wol dradeu suelle entwey S. 376. Mag 'buchten' aus 'de Bucht' oder aus 'he bucht' stammen, so läfst sich meines Erachtens daran nicht zweifeln, einmal dass es eine moderne Wortbildung ist und zweitens dass es als kein blosses Synonym von 'bugen, bögen' betrachtet werden kann.

Hamburg. C. Walther.

Zum Annoliede.

727 do stuont dir ein stuol ledig unt êrlich:
Seint Anno wart sinis vil gemeiht.

Statt gemeiht setzt Roediger in seiner Ausgabe (Hannover 1895) des Reimes wegen vrôlich. Der Ueberlieferung entsprechender wäre gêmelich.

Northeim. R. Sprenger.

Der alte Maitag (XXII, 23).

Der alte Maitag ist hier nicht der 8. Mai, sondern der 12. Mai. In Eiderstedt gehen noch heute die Dienstboten »old Mai« in den Dienst und aus dem Dienst. In Dithmarschen und Stapelholm heisst es »old Mai mutt sik en Krai in'e Rogg versteken kunn'«. Wie mir ein nunmehr verstorbener Freund mitteilte, hätte ehedem auch ein »old Michaelis« in Dithmarschen eine Rolle gespielt.

Dahrenwurth b. Lunden. Heinr. Carstens.

Talhêd (XXII, 22).

a. Zu der zweifellos das richtige treffenden deutung von af. talhêd in den strafsburger glossen möchte ich auf meine anmerkung zu Gerhard von Minden 122, 19 hinweisen: dort ist das einfache adjektiv tal 'munter, wacker' aus dem ravensbergischen und diepholzischen belegt, und es scheint mir noch immer, dass talicheit und lêfgetal daran angeknüpft werden müssen.

Jena. Albert Leitzmann.

b. Die Stelle des Mindener Aesop, auf die Prof. Leitzmann sich bezieht, findet sich in einer Fabel, welche Fliege und Ameise sich über die Vorzüge ihrer verschiedenen Lebensweisen streiten läfst. Die Fliege trumpft damit auf: min talicheit so höget mi; du arme krup, wat vrouwet di? (Die Fabeln Gerhards von Minden, hrsg. v. A. Leitzmann, Halle a. S. 1898 S. 191.) Statt 'talicheyt' der Wolfenbütteler Handschrift hat die Münchener 'tallicheit', welche Form die Kürze des Vocals verbürgt.

Hoffmann von Fallersleben, Niederdeutscher Aesopus, Berlin 1870, S. 25 hatte das Wort als gleichbedeutend mit leeftalicheit, mndl. liestallicheit (Liebenswürdigkeit) genommen Das einfache talicheit dem zusammengesetzten leeftalicheit gleichzustellen geht aber so wenig an, wie Würdigkeit der Liebenswürdigkeit; das Bestimmungswort verleiht dem Compositum eine besondere Bedeutung. Auch ist die Fliege weder liebenswürdig noch beliebt; al de werlt, de is di hat (hasst dich), entgegnet Z. 45 die Ameise. Man muss Leitzmann beipflichten und talicheit als Munterkeit, Hurtigkeit, Gewandtheit verstehen. Das Substantiv ist ohne Zweifel mit jenem Adjectiv tal gebildet, und dieses mag im Adjectiv (Adverb?) talle = munter (von Hunden in der Gegend von Diepholz gebraucht; s. Jellinghaus, Westfäl. Grammatik S. 108) noch fortleben.

Vielleicht dürfen wir dasselbe Wort auch im tâl der Göttingischen und Grubenhagenschen Mundart (s. Schambach, Wörterbuch), welches schlank bedeutet, wiederfinden trotz des langen Vocals und der abweichenden Bedeutung. Es läſst sich dazu nämlich das engl. tall vergleichen, welches von Eduard Müller, Etymolog. Wörterbuch der Engl. Sprache, wohl mit Recht auf ein, freilich nicht überliefertes, aber aus jenem getäl und leoftäl zu folgerndes angelsächs. täl zurückgeführt wird: »in dem älteren Engl. hat tall zugleich, wo nicht vorzugsweise den Sinn tüchtig, tapfer, nach Junius hatte es auch die Bedeutungen obedient, obsequious, every way flexible, und so könnte es aus dem ags. täl, wie small aus smäl, entstanden sein, mit welchem täl Ettmüller (Lexicon Anglosaxonicum p. 520) das goth. tals in untals, indoctus, vergleicht; die Begriffsentwickelung wäre dann: passend, tüchtig, stark, grofs.« Die Verlängerung des Vocals haben wir ebenso in schmahl = mhd. smal, und die Bedeutung schlank steht der ursprünglichen noch näher, als die von grofs.

Das angezogene ags. leoftäl, mndl. liefghetal, -ghetael, -ghetalligh, nndl. lieftallig, -talig, mndd. leif-, leefghetal, -talich, taldich, am Ndrrhein noch jetzt leeftalig, Bremisch (Brem. Wb.) leeftalig und entstellt leefdalig, ostfries. (Stürenburg und Doornkaat) leeftallig, auch leeftaddig gesprochen, husumisch (Schütze, holst. Idiot.) leeftadig, liebreich, freundlich, gefällig, ist (s. Franck, Etymologisch Woordenboek der Nederlandsche Taal, S. 571) mit tal, gital gebildet; welche Bedeutung dieses in der Zusammensetzung hat, ist jedoch, wie Franck bemerkt, noch nicht aufgeklärt. Ob das Compositum außer am Niederrhein und in Ostfriesland noch sonst in Norddeutschland erhalten ist?

Hamburg. C. Walther.

Zum Siebensprung (XXI, 79. XXII, 26).

Wegen dieses Tanzes ist vor allem hinzuweisen auf den interessanten und ausführlichen Artikel von F. Höft in der Zeitschrift »Am Urds-Brunnen« Bd. 6, Jgg. 7 S. 1—8, wo eine Anzahl Texte und auch Melodien mitgeteilt sind.

Dahrenwurth. H. Carstens.

Der meklenburgische Text zum Siebensprung (XIII, 39. XXII, 27).

Es scheint Latendorf entgangen zu sein, dafs der Text zum Siebensprung fich auch in Reuters Stromtid findet. Vgl. 3. Theil, K. 40 (Volksausg. 7. Bd. S. 359): »Un as de Polonäs' tau Enn' was, spelte David Berger en langfamen Walzer: 'Du, du, liegst mir am Herzen, Du, du, liegst mir im Sinn,' un ut de Firn' antwurt'te em en anner Mufikkur: 'Unfe Katt hett negen Jung'n, Dat hett Nahwers Kater dahn,' un as hei wider spelte: 'Du, du machst mir viel Schmerzen, Weifst ja wie gut ich dir bin,' kamm ut de Firn' de Antwurt: 'Nimm den Kater, Smit'n in't Water,' un so wider, denn Fru Nüfslern hadd dat anordnirt, dat de Lüd ok danzten in den Melkenkeller.«

Northeim. R. Sprenger.

Lobbe (XXII, 4).

Zu verweifen ist noch auf J. ten Doornkaat-K. Oftfrief. Wb. II, 517.

Northeim. R. Sprenger.

Huke und Hucke.

In mehreren Orten des Braunfchweigifchen Landes war es üblich, den Kindern, die an gefchwollenen Zäpfchen litten, »de Huke uptetrecken.« »Huke uptrecken hilpet allebott,« war das herrfchende Wort. Einzelne Leute ftanden in dem Rufe, befonders gefchickt darin zu fein.

Man fafste einen Schopf Kopfhaare des kranken Kindes, der dicht hinter dem Wirbel wuchs und rifs mit einem kräftigen Ruck daran. Ein Wort, das man einem Verfolgten zurief: »Teuf, ick will dick de Huke uptrecken!« beftätigt, dafs es gewifs nicht ohne Schmerzen bei dem kräftigen Ruck abgegangen ift.

Nun gab es bekanntlich in den Niederlanden bei den Damen die Mode, die fich im 16. Jahrhundert auch in Deutfchland, zumeift in den Hanfeftädten, einbürgerte, eine »Hucke« zu tragen. Ein folche Hucke war ein einfacher, mantelartiger Umhang, der über den Kopf gezogen wurde, und der vorn einen pilzförmig ausfehenden Schmuck aus Metall hatte, deffen fcheibenförmige, bisweilen trichterförmig vertiefte Platten, aus deren Mitte eine mit Quaften verzierte Handhabe emporftieg, auf die Stirn gefetzt wurde, um zur Befeftigung des Umhanges oder des Schleiers zu dienen.

Sind beide Wörter desfelben Urfprungs?

Braunfchweig. Th. Reiche.

Ufel = Afche (XXII, 13).

Das Wort war bisher auf niederd. Gebiet in diefer Form und Bedeutung als lebend nicht belegt. Vilmar, Kurheff. Idiot. S. 428 bemerkt unter Uffeln: »Diefes alte Wort ift in Oberheffen, befonders in deffen füdlichem Teile, noch allgemein üblich, mufs jedoch im Anfange diefes Jahrhunderts auch in Niederheffen, wo es fich nicht mehr will auffinden laffen, üblich gewefen fein, denn die Funken, welche im verbrannten Papier hin- und herlaufen (an deren Laufen, als an 'den Leuten, die aus der Kirche gehen', fich die Kinder zu ergetzen pflegen) hiefsen damals im öftlichen Heffen die Isseln.« Vgl. auch Müller-Zarnckes Mhd. Wb. III, 195; Lexer II,

2017. Die mnd. Form ist osele = Funkenasche, Lichtschnuppe; s. Schiller-Lübben III, 242. In letzterer Bedeutung wird es auch verzeichnet im Brem. Wb. III, 274 und bei Schambach S. 148; vgl. 146.

Ussel f. »verglimmender Funke« verzeichnet auch P. J. Fuchs in seinem Deutschen Wörterbuch auf etymologischer Grundlage. Stuttgart 1898 S. 313. Er irrt aber, wenn er vermutet (S. 201), dafs dieses Wort mit dem nd. Ose = Dachrinne verwandt sei. Ueber letzteres (zusammengezogen aus ovese, got. ubizva, ahd. opasa, altn. ups, ufs, ags. efese, engl. eaves) ist zu vergleichen F. Grimm, Rechtsaltert. S. 549, 5; Schiller-Lübben Bd. 3, S. 287; ten Doornkaat Koolman Ostfries. Wb. II, 686; Stürenburg Ostfries. Wb. S. 170; Brem. Wb. (oese) S. 273. Schmeller-Frommann I, 164. 165 verzeichnet als bayerisch: Uessel, Issel, Funkenasche, Isel »Kehricht, Unrat, Kot«; ferner Ysel »Abtritt« und Popen-Eissel »Rauchfang-Ziegel, Gogk-Eissel, Ziegelstein von halber Breite«. Auch hier scheinen die beiden verschiedenen Worte vermengt.

Northeim. R. Sprenger.

Bichte = Geld.

Die Erwähnung der Stelle aus dem Koker S. 234 (XXII, S. 21) erinnert mich daran, dafs in dem Rotwelsch der Fleischer in Braunschweig (vgl. XXII, S. 21, Z. 3 v. u.) Bichte = Geld ist, wovon, wenn ich mich recht erinnere, auch das Verbum bichten = bezahlen gebildet wird. Ob dies zur Erklärung der schwierigen Stelle beiträgt, wage ich nicht zu entscheiden; doch möchten weitere Mitteilungen über das eigentümliche Wort erwünscht sein.

Northeim. R. Sprenger.

Polkaschlächter.

So heifst in der Provinz Sachsen ein Fleischer, der nicht bankmäfsiges Fleisch verkauft. Polk (Danneil) heifst nd. ein nicht ausgewachsenes Schwein. Ich glaube aber, dafs der Ausdruck hergenommen ist vom Pólak (mit dieser Betonung auch als Eigenname), dem Polen, dem ja der Deutsche allerart Unordnung zutraut.

Northeim. R. Sprenger.

Die betrübte Braut (XXII, 17).[1])

Christinchen in dem Garten,
Drei Rosen zu erwarten.
Das hat Christinchen am Himmel gesehn,
Dafs sie im Rheine sollt. untergehn.

Sie ging zu ihrem Vater.
Ach Vater, herzliebster Vater,
Könnte dies und das nicht möglich sein,
Dafs ich noch ein Jahr könnte bei euch sein?

---

[1]) In den »Volksüberlieferungen« sind XXII, 9 f. bedauerlicherweise ein paar Druckfehler stehen geblieben. S. 9 Z. 21 v. o. mufs es 'lachen' statt 'laufen' heifsen; und Z. 2 v. u. S. 10 Z. 1 v. o. 'Ufteer Busch' (stee = Stätte).

Ach nein, das kann nicht gehen,
Diese Heirat muss geschehen.
Mein Kind, das bilde dir ja nicht ein.
Du musst wohl fahren noch über den Rhein.

Sie ging zu ihrer Mutter.
Ach Mutter, herzliebste Mutter.
Könnte dies und das nicht möglich sein,
Dass ich noch ein Jahr könnte bei euch sein?

Ach nein, das kann nicht gehen,
Diese Heirat muss geschehen.
Mein Kind, das bilde dir ja nicht ein.
Du musst wohl fahren noch über den Rhein.

Der König kam gefahren
Mit vierundvierzig Wagen.
Eine Kutsche die war mit Golde beschlagen,
Darin er wollt Christinchen fahren.

Und als sie auf die Brücke kamen,
Zerbrachen gleich zwei Bretter.
Das hat Christinchen am Himmel gesehn,
Dass sie im Rheine sollt untergehn.

Was zog er aus seiner Tasche?
Ein Tuch schneeweiss gewaschen,
Ein Messer, das war von Golde so roth.
Damit stach er sich selber todt.

Diese Fassung des Liedes wurde mir vor langen Jahren aus der Einbecker Gegend mitgetheilt.

Mechtshausen am Harz. W. Busch.

Hisen, hissen (XIX, 78. 81. XX, 1).

a. Lübeck sagt hissen.

Lübeck. C. Schumann.

b. Hö'ss de Flagg up (mit langem e, etwas ins i nachklingend, und scharfem s) heisst es hier an der 'Waterkante'. Als Infinitiv hatte ich in der Stadt nur hissen gehört, was den Seeleuten für hochdeutsch gilt.

Wismar. F. Techen.

Zu den Volksüberlieferungen aus Wiedensahl (XXII, 7 ff.).

Nr. 2. Zum »Gutenabend« vgl. H. Pröhles Harzsagen 2. Aufl. Leipzig 1886, S. 134 »Das vertriebene Gespenst« aus Klausthal.

Nr. 8. »Alheid die Gans.« Es ist bemerkenswert, dass hier derselbe Name der Gans erscheint wie in Reinke de Vos 1779.

Nr. 9 Die Verse: »Ich bin so satt, Ich mag kein Blatt« wurden von uns Kindern in Quedlinburg scherzhaft gebraucht, wenn wir bemerken wollten, dass wir gesättigt waren. Die Geschichte von der launischen Ziege scheint früher weit verbreitet gewesen zu sein.

Northeim. R. Sprenger.

Zum Mnd. Wörterbuch.

VI (Nachtrag), 253: schelbrade? Dat punt von den schelbraden (vom Schweine) vor 11 Pfg. Gött. Urk. v. 1527. — Jedenfalls dasselbe, was Schellnbraod'n, der Rippenbraten, besonders vom Schweine bei Danneil, Wb. der altmärkisch-plattd. Mundart S. 184. Das Wort ist bei Schambach nicht verzeichnet und scheint im Göttingisch-Grubenhagenschen erloschen. In Quedlinburg wurde noch in meinen Kinderjahren der »Schellbraten« auf den Tisch gebracht. Dort wird auch noch heute, wie mir meine Frau mitteilt, von den Fleischern die »Schellribbe« verkauft, die hier »Rippenstück« heisst. Da das Fleisch sich in gebratenem Zustande leicht in kleinen Stücken ablöst, so kann an Ableitung von ndd. scholl'n, abschälen gedacht werden; vgl. auch schelwern, schilwern, sich in kleinen Platten (Schuppen) ablösen. Schambach S. 183.

Northeim. R. Sprenger.

Druwappel?

Wer giebt eine nähere Bestimmung der Druwäppel mit denen bei Reuter (Werke Bd. VI, S. 206 Volksausg.) Lining und Mining verglichen werden. J. Brinckmann, Kaspar Ohm 5. Aufl. Rostock 1894 S. 39 führt auf: bottergele Druwappels.

Northeim. R. Sprenger.

Billenbrod (XVIII, 43).

Da in Quedlinburg häufig i st. ü gesprochen wird, so halte ich es doch jetzt für wahrscheinlicher, dafs das Gebäck von dem durch Reiche (XXII, 7) nachgewiesenen büllen, einer Sorte Weizenmehles den Namen hat.

Northeim. R. Sprenger.

III. Litteraturanzeigen.

Wossidlo, Rich., Ein Winterabend in einem mecklenburgischen Bauernhause. Nach mecklenburgischen Volksüberlieferungen zusammengestellt. Wismar, Hinstorff'sche Hofbuchh. 1901. (60 S. u. 3 Taf.) 1 Mk.

Ein plattdeutsches Theaterstück mit Gesang und Tanz. Der Titel erinnert an die plattdeutsche Idylle »De Winterawend« des Mecklenburgers Joh. Heinr. Vofs. Das Stück ist bereits vor dem Druck in Malchin und in Berlin vortrefflich aufgeführt und hat eine freundliche Aufnahme gefunden. Der Herausgeber nennt dasselbe eine Blütenlese heimischer Volkspoesie und will durch dasselbe seine Landsleute von dem Werte alter Ueberlieferung und alter Sitte überzeugen. Es treten auf: Bauer und Bäuerin nebst zwei Töchtern, die Grofsmutter, der Kuhfütterer, der Grofsknecht, der Hütejunge, zwei Mägde und ein junger Nachbarsohn, zusammen elf Personen. Das weniger an Handlung als an alten Sprichwörtern und Redensarten überreiche Stück beginnt nach einem musikalischen Vorspiele mit einer Erzählung von den Unterirdischen im Nibelungenlied seitens der Grofsmutter, woran der Kuhfütterer in altertümlicher Mundart Hexensagen anknüpft; dann vergnügt sich die ganze Gesellschaft an Rätseln und Rätselfragen, und Annmrick singt das nach Text und Melodie am weitesten verbreitete aller deutschen Volkslieder, das niederdeutsche Lied von den zwei Königskindern, die einander so lieb hatten, zu einander aber nicht kommen konnten, weil ein tiefes Waſſer ſie trennte. Sodann giebt der Groſsknecht den alten Hochzeitsbitterſpruch zum Beſten, und alle beteiligen ſich an der Wiedergabe der verſchiedenen Leberreime, wie ſie in der Gegend von Drudersdorf, Waren, Barlin, Gorloſen, Woldzegarten, Redefin, Vipperow und Kämmerich zuhauſe ſind. Verſchiedenen alten Volksliedern: »Oh ne, oh ne«, »Hans hatte groſsen Durſt«, »Oll Mann wull riden« folgen der Schäfergruſs und der Erntekranzſpruch, jener ein Zwiegeſang zwiſchen Groſsknecht und Kuhfütterer, dieſer von der Magd Fick vorgetragen. Dies giebt Gelegenheit und Veranlaſſung Tanzreime zu ſingen, hochdeutſche und plattdeutſche, und Tänze zu arrangieren, Kiekbuſch und Schuſtertanz, Polka und Schluſswalzer, womit das Stück endigt. Die ſämtlichen Vorführungen der alten Gebräuche werden natürlich ſeitens der Handelnden in Koſtümen ausgeführt. Das Buch iſt mit drei Abbildungen geſchmückt, einem Trachtenbild aus der Gegend von Rehna und zwei Darſtellungen der Bühne, Geſchichtenerzählen und Schuſtertanz, und mit vielen Muſikbeilagen verſehen, zum Vorſpiel, zu den Liedern, zum Erntekranzſpruch, zu den Tanzreimen und zu den Tänzen. Die meiſten Melodien ſtammen aus Malchin, Mirow, Retſchow, Waren und Warſow und ſind von den Herren Muſikdirektor Köhler in Waren, Muſiklehrer Rieck in Malchin, den Lehrern Angebauer, Dreeſt, Klockmann und Laugmann aus dem Volksmunde aufgezeichnet, nach alten Tanzweiſen zuſammengeſtellt, mit Klavierſatz verſehen, zweiſtimmig geſetzt worden. Ihre Fixierung und Aufzeichnung iſt ein beſonders wertvoller Teil des vaterländiſchen Büchleins.

So haben viele dazu berufene Kräfte, getragen von Heimatsliebe, ein Werk geſchaffen, das denen, welche Mutterſprache und Landesſitten feſt- und hochhalten, beſonders aber den plattdeutſchen Vereinen, viele Freude und Erbauung ſchaffen wird, ſowohl denen, die es handelnd und redend, ſingend und tanzend vorführen, als auch denen, die es leſen, ſehen und hören.

Berlin-Schöneberg. Harzen-Müller.

Notizen und Anzeigen.

Beitragszahlungen ſind an unſern Kaſſenführer Herrn Joh. E. Rabe, Hamburg 1, gr. Reichenſtraſse 11, zu leiſten.

Veränderungen der Adreſſen ſind gefälligſt dem genannten Herrn Kaſſenführer zu melden.

Beiträge, welche fürs Jahrbuch beſtimmt ſind, belieben die Verfaſſer an das Mitglied des Redactions-Ausſchuſſes, Prof. Dr. W. Seelmann, Charlottenburg, Peſtalozziſtraſse 109, einzuſchicken.

Zuſendungen fürs Korreſpondenzblatt bitten wir an Dr. C. Walther, Hamburg 8, Krayenkamp 9, zu richten.

Bemerkungen und Klagen, welche ſich auf Verſand und Empfang des Korreſpondenzblattes beziehen, bittet der Vorſtand direct der Expedition, »Diedrich Soltau's Verlag und Buchdruckerei« in Norden, Oſtfriesland, zu übermachen.

Für den Inhalt verantwortlich: Dr. C. Walther in Hamburg.
Druck von Diedr. Soltau in Norden.

Ausgegeben: November 1901.

Jahrg. 1901. Hamburg. Heft XXII. № 4.

Korrespondenzblatt

des Vereins für niederdeutsche Sprachforschung.

I. Mitteilungen aus dem Mitgliederkreise.

Zur mittelniederdeutschen Medicin.

Schreiber dieses ist Oberdeutscher; er kann Jahrhunderte zurück seine Vorfahren als Gothen am Brennerpass erweisen. Ich habe mich aber aus Interesse an der Geschichte der Medicin und Naturwissenschaften ausser in die mittelhochdeutsche auch in die mittelniederdeutsche Sprache eingearbeitet. Das kann aber immer nur Stückwerk bleiben, da ich, wie gesagt, durch Geburt und Erziehung den niederdeutschen Sprachen und Dialekten ursprünglich fern stehe und aufserdem mein Lebensberuf kein philologischer ist; denn ich bin praktischer Arzt.

In niederdeutscher Sprache sind nun äufserst interessante medicinische Texte erhalten, welche es verdienen würden, den Aerzten, welche sich mit Geschichte der Medicin befassen, allgemein zugänglich gemacht zu werden. Prof. Regel mit Bestrebungen in dieser Richtung ist leider längst gestorben. Andere Herren halten aber wohl solche Studien bei dem vielfach schwindenden wissenschaftlichen Interesse weiterer ärztlicher Kreise für undankbar. Das ist aber durchaus nicht der Fall. Es treten dafür andere Interessenten ein.

Aus alter Hieroglyphenzeit mehren sich von Jahr zu Jahr die Funde gröfserer zusammenhängender medicinischer Texte. Meist bleiben Krankheitsbezeichnungen, angewandte Arzneimittel und selbst vielfach die Körperteilnamen einstweilen unbestimmbar. Wo sich aber bekanntere und damit bestimmbare Worte in diesen drei Richtungen fanden, ergeben sich sehr häufig mittelniederdeutsche Paralleltexte im Gothaer (oder Utrechter) Arzneibuche.

Bei vereinzelten Stellen wird dafür der Völkergedanke nach Bastian mobil gemacht. Hier ergiebt sich aber, wie schon Georg Ebers publicierte, ein anderer Weg. Aegyptische Medicin wird auf die Kopten vererbt, dann von den Arabern als angeblich »griechische« Medicin in das Arabische übersetzt. Von mohamedanisch-christlichen Convertiten, z. B. Constantinus Africanus, erfolgen lateinische Uebersetzungen, besonders in Salerno. Und in Mönchsklöstern werden diese Schriften in die Volkssprachen übertragen: 1) mittelprovençalisch, mittelnormannisch, mittelenglisch, 2) mittelhochdeutsch, mittelniederdeutsch und mitteldänisch. Ein Anklang an Völkergedanke mag insofern vorliegen, als die mittelniederdeutschen Arzneibücher, soviel ich bis jetzt beurteilen kann, instinctiv gerade vielfach die Traditionen altaegyptischer Medicin sammelten, während ich mittelhochdeutsch vielfach Reste von Keilschriftmedicin fand.

Als Beifpiel fei erwähnt, dafs diefer Tage Profeffor Erman einen bisher unpublicierten Berliner Papyrus, welcher mehr als 3500 Jahre alt ift, herausgab: »Zauberfprüche für Mutter und Kind«. Unter den drei vereinzelten Recepten diefes Papyrus lautet das zweite: »Spitzen (?) von Papyrus (?) und Bilfenkrautfamen fein zermahlen und temperieren mit der Milch einer Frau, welche einen Knaben geboren hat (in koptifcher Sprache kann durch Aenderung eines einzigen Vokales ftatt »gebären« »fängen« verftanden werden). Man giebt einen Krug voll für ein Kind. Er giebt bei Tag und bei Nacht einen guten Schlaf.« Im Gothaer Arzneibuch fol. 9a finden wir mit Einfügung von Mohnfamen und Lattichfamen als Verftärkungsmittel der Bilfenfamenwirkung: De nicht flapen enkan de neme wyt maenfaet vnde bylenfaet vnde lattikfaet jewelkes eyn lot, ftot dyt vnde do dar to vrouwen melk de eyn knechtken foget .... dat gift guden flap.

Es wäre darum für culturhiftorifche Nachweife, für die Erforfchung der hieroglyphifchen Pflanzennamen und nicht zuletzt für Gefchichte der Gelehrten- und Volksmedicin eine dankbare Aufgabe, das fyftematifche Medicinwerk des Gothaer Arzneibuchs, welches 85 Blätter umfafst, herauszugeben.

Was nicht Regel veröffentlicht hat, befitze ich in photographifcher Reproduction, fo dafs mir perfönlich die Texte ftets zugänglich find. Aber nach meinen Andeutungen werden fich weitere Kreife dafür intereffieren und Zweck des Vereins für niederdeutfche Sprachforfchung ift es doch auch, weitere Kreife heranzuziehen. Ich felbft bin zu wenig Philologe, um folch gröfseren Text zu edieren. Ich hoffe aber mit Realien und realen Parallelen einem folchen philologifchen Herausgeber unterftützend an die Seite treten zu können. Wer ift nun bereit, die Medicin feiner mittelniederdeutfchen Voreltern unter dem Scheffel hervorzuholen und weiteren Kreifen erftrahlen zu laffen?

Bad Neuenahr, Rheinpreufsen. Oefele.

---

gammelware (XXI, 89. XXII, 21).

Unter Hinweis auf das altn. »gamall« wird von Schiller-Lübben 2, S. 9 »gam(m)elen«, alt werden, verzeichnet und »gammelmat« im Gebrauch von Lauremberg und Schuppius nachgewiefen. Wie beim »gammelmad«, alte Speife, Eingefalzenes, Pökelfleifch, fo hat auch bei »gammelviin«, alter, blanker Wein, und bei »gammelost«, alter Käfe, das »gammel« im Dänifchen keine üble Nebenbedeutung, fondern das Betreffende hat entweder durch das Alter allein oder zugleich auch durch die besondere, feinen fpäten Genufs ermöglichende Zubereitung eine höhere Güte erlangt. Der Niederdeutfche gebraucht das Wort »gammelig«, foviel ich weifs, nur von Fleifchwaaren und immer mit dem übeln Nebenbegriff: durch Alter in Fäulnifs gerathen and zwar in eine bei Fleifchwaaren entweder überhaupt nicht gewollte oder über das für den haut-goût erforderliche Maafs hinausgehende Fäulnifs. So gebraucht man das Wort wenigftens in Hamburg und in Roftock. Die Fäulnifs, welche fich in der Schimmelbildung ausdrückt und nicht durch das Alter, fondern durch die Aufbewahrung an feuchten oder

der Luft entzogenen Orten bewirkt wird, hat mit dem »Gammeligſein« Nichts zu thun: zu ihrer Bezeichnung bedient man ſich bei Fleiſchwaaren, insbeſondere bei zurückgeſtellten Fleiſch- und andern Speiſevorräthen, ſowie auch bei andern Gegenſtänden (Lederwaaren) der Ausdrücke »beslagen« oder »bewussen«, je nachdem ſie noch in ihren Anfängen begriffen iſt oder ſich ſchon entwickelt hat. Wenn nun in Braunſchweig nach Hänſelmanns Mittheilung »gammelware« in einer Gerichtsverhandlung erklärt wird als 'Wurſt, die nicht gut geraten, vielleicht zu ſcharf geräuchert oder blaſs ſei oder einen grauen Rand habe', ſo iſt dieſe Erklärung nicht recht zu verſtehn; vielleicht iſt aber gemeint: Wurſt, die entweder, wie die blaſſe Farbe oder der graue Rand erkennen laſſen, ungenügend gewürzt (insbeſondere geſalzen) oder geräuchert und deshalb der Gefahr »gammelig« zu werden ausgeſetzt, reſp. ſchon verfallen, oder aus bereits »gammelig« gewordenem Fleiſch bereitet und zur Betäubung des übeln Geſchmacks oder Geruchs übermäſsig geräuchert worden iſt.

Roſtock. K. Koppmann.

---

mollenschaart (XXII, 14).

Zu dieſem Worte iſt Schiller-Lübben zu vergleichen, wo nicht nur 4, S. 62 »schart« als Riſs, Spalte, Geſpaltenes, Scherbe erläutert, ſondern auch 3, S. 113 »moldenschart« in einem verwandten Gebrauch, nämlich als Fahrzeug der Hexen bei ihren Fahrten durch die Luft, nachgewieſen wird. Aus Hamburg und Roſtock kenne ich das Wort nur im Plural mit der breiten Ausſprache des ä: nach einem Umzug werden manchmal Schüſſel, Teller und Taſſen nur als »schöörn« wiedergefunden; bei der hieſigen Scherbenausfuhr müſſen am beſtimmten Tage die »pottschöörn« vor dem Hauſe bereitgehalten werden und von einem Alterthümler ſagt man wohl ſcherzweiſe: »de hett all wedder pottschöörn utbuddelt«. Von zerbrochenem Holzgeräth würde man in Hamburg und Roſtock niemals »schöörn« gebrauchen; wohl aber könnte man dort wie hier ſagen: »Do leeg mien glück in schöörn«.

Roſtock. K. Koppmann.

Polkaſchlächter (XXII, 45).

Unbedingt zuzugeben iſt Sprenger, daſs der (mir unbekannte) Ausdruck mit »polk, pölk« Nichts zu thun haben kann. Was aber ſeine Ableitung von Pólack betrifft, ſo iſt zwar der Eigenname Pólack oder Póllack auch in Hamburg bekannt, aber der Pole heiſst dort, in Roſtock und, ſoviel ich weiſs, auch in Oſt- und Weſtpreuſsen Polàck. Auch die in Meklenburg und Pommern vorkommenden Wendſchlächter, denen zwar ein beſchränkter Verkauf von Fleiſch, nicht aber ein Verkauf von minderwertbigem Fleiſch, freiſtand (ſ. IV, S. 93; Schiller-Lübben 6, S. 316; Lübben-Walther S. 572), werden ſich nicht als Analogon für dieſelbe geltend machen laſſen. Sollte nicht zunächſt das nicht bankmäſsige Fleiſch Polkafleiſch, dann erſt deſſen Verkäufer Polkaſchlächter genannt worden ſein? Dann würde der Ausdruck wahrſcheinlich eine ironiſche Bezeichnung ſein, die ſich zufällig länger erhalten hat. Der Tanz Polka ſcheint bei ſeinem Aufkommen ſich groſser Beliebtheit und ſchneller und allgemeiner Verbreitung erfreut zu haben.

In Roftock, erzählt mir ein Bekannter, kam die Polka 1848 auf und war Anfangs fehr beliebt, wurde aber in manchen Kreifen nicht zugelaffen, weil man fie für die Urfache der damals auftretenden Kartoffelkrankheit anfah oder doch ausgab. Auch in Hamburg war fie in meinen Jungenjahren ungemein beliebt: das bei der Wäfche gebrauchte »blauels« wurde ihr zu Ehren »polkablau« genannt und Jungen und junge Leute, auch wohl Mädchen zweifelhaften Charakters liefsen fich vom Frifeur das Haar zu einem »polkakopp« fchneiden und trugen dann »polkahaar«. Ein folcher Mifsbrauch eines Namens hat aber immer fein Bedenkliches und leicht wird, was urfprünglich eine befondere Trefflichkeit bezeichnen follte, auf das Gegentheil davon übertragen. Vermuthlich beruhen die zotigen Verfe: 'Das linke Bein, das rechte Bein, das mittelfte mufs die Polka fein' auf Traveftie eines unfchuldigen Tanztextes. Wie der Zotenluft des Pöbels mag aber die Polka oder richtiger der Mifsbrauch ihres Namens auch der Ironie des Volkes verfallen fein. Immerhin wäre es von Intereffe, den Polkafchlächter auch anderswo nachgewiefen zu fehen.

Roftock. K. Koppmann.

---

rutenaltspeler (XXI, 90. XXII, 6. 23).

Der Ausdruck erklärt fich wohl aus dem früher fehr beliebten, jetzt aus der Mode gekommenen, insbefondere durch den Skat verdrängten Kartenfpiel »solo«, das vor fünfzig Jahren in meinem elterlichen Haufe in Hamburg an Winterabenden häufig gefpielt wurde und das ich in der hiefigen Nachbarfchaft auf dem Lande noch heutigen Tages gelegentlich gern fpiele. Wenns geht, fpielt man »solo sülfveert«, im Nothfall »solo sülfdrütt«. Bei erfterm find die vier Farben. »krüüz, pick, ha(r)tn, ruten« durch je acht Karten vertreten: »ass, könig, dam', buur (jetzt, wohl vom Skat herübergenommen, auch »jung«), tein, negen, acht, söben«, bei letzterm werden »ha(r)tn-acht« und fämmtliche Carreaus bis auf die »ruten-söben« ausgefchieden. Die Hauptfarbe, die beim erftern Spiel »krüüz«, beim letztern »ruten« ift, wird höher bezahlt. Mit diefen acht Karten find fünf Stiche zu machen und zwar werden diefe, wenn es »de erften« find, befonders bezahlt. Bei beiden Spielweifen giebt es aufser den Trumpfkarten drei Haupttrümpfe, 'de matadórs': der höchfte ift »de spadilje, de oolsch, krüüzdam'«, der drittbefte »basta, bastaasch, de basch, piekdam'«, der zweitbefte die Sieben der Trumpffarbe: »de söben, de spitz«; auch die »matadórs« werden, wenn fie in Einer Hand, beziehentlich bei Einer Partei zufammenfitzen, befonders bezahlt. Beim Solo felbviert unterfcheidet man »solo« (»krüüzsolo« und »lütten solo«), wenn es Jemand unternimmt, die fünf Stiche für fich allein zu machen, und »frag'« (»krüüzfrag'« und »lütje frag'«), wenn er ein anderes »ass« zur Hülfe nimmt, »mitnimmt«; wer aber »spadilje« und »basta« zufammen hat, mufs, wenn er nicht »solo« fpielen will, »frage grofs« oder »hochtyt« anmelden und von dem mitgenommenen Afs Trumpf machen laffen. Beim Solo felbdritt dagegen kann nur »solo« (»rutensolo« und »lütten solo« oder »'n schåpleddern«) gefpielt werden und die »ruten-söben«, die beim »rutensolo«, bei dem es ja aufser den Matadoren keine Trumpfkarten giebt, die zweithöchfte Karte ift, ift bei jedem andern »solo« zwar keine Trumpfkarte, aber eine Freikarte, »freekårt«, auf die man beiwerfen oder mit einem Trumpf einstechen muss. Sitzt nun der Spieler eines »lütten solo« in der Mitte, so ist es ihm, wenn er die Trümpfe nicht faustdick in der Hand hat, höchst unangenehm, wenn »de vorhand« die Carreau-Sieben ausspielt, da er dann entweder den Stich und eventuell die Ersten aufgeben oder so hoch einstechen muss, dass »de achterhand« nicht überzustechen vermag, wodurch er unter Umständen zum »runsimiten« gebracht wird. In der Freude über die dem Gegner bereitete Ungelegenheit bedient sich daher »de vorhand« beim Ausspielen der Carreau-Sieben der Gelprede: »ruten ût« oder mit einem wortspielenden Zusatz: »ruten ût, secht de glåscher« und sehr oft antwortet dieser ein: »dat ha(dd) nich kamen müsst. hett mi doch de verfluchte ruten-söben dat gantze spill rungeniert.« Mit dem mir nicht bekannten Ausdruck »rutenûtspeler« könnte also sehr wohl Jemand, der einem Andern gern 'einen Schabernack anthut' oder 'ein Bein stellt', freilich nicht mit Fug ein 'Radaumacher' bezeichnet werden.

Rostock. K. Koppmann.

Zum meklenburgischen Siebensprung-Text (XIII, 39. XXII, 27. 44).

Der Text, den Latendorf, woran Walther erinnert, als bei der Weise des von Mussäus verzeichneten Tanzes »Sieben Sprünge« gebraucht, mittheilt, und den Reuter, worauf Sprenger aufmerksam macht, für einen von ihm nicht näher bezeichneten Tanz, offenbar ohne jene Bezeichnung zu kennen, dem Volksmunde entlehnt, erinnert mich an folgenden Vers, den ich von den Kinderjahren her kenne und der, wenn mich das Gedächtniss nicht täuscht, neben so manchen andern beim Abzählen, »afmelen«, hergesagt wurde:

Een, twee, dree, veer, fief, soss, söben,
Unse katt hett junge kregen;
Dat hett nahbers kater dahn;
De sall ook gevadder stahn.

Zweifelsohne liegt hier nicht eine zufällige Uebereinstimmung, sondern eine wirkliche Verwandtschaft vor; ob aber bei dem Hamburger Abzählvers der meklenburgische Tanztext oder jener bei diesem benutzt worden ist oder ob beide auf ein unbekanntes Drittes zurückgehen, muss ich dahin gestellt sein lassen.

Rostock. K. Koppmann.

Zu den Volksüberlieferungen aus Wiedensahl.

XXII, 11—12: vgl. Wossidlo, Mecklenburgische Volksüberlieferungen 1, Nr. 963 (S. 198); speziell zu »hartläiv luchte mi« vgl. dort »liebe liebe lücht't mi« und S. 321—322: »and my love she gave me light«.

XXII, 14: »prün'as täo« vgl. das. 2, Nr. 320, 3 (S. 368): »Fru, magd prüün noors to«.

XXII, 15: »Eck bin säo satt«, hd. in der Grimmschen Sammlung »Kinder- und Haus-Märchen« Nr. 36 (Tischchen deck dich, Goldesel und Knüppel aus dem Sack); das 'ich bin so satt' (CXXII, 46) und die hier ſich findende Gegenrede: 'Wovon ſollt' ich ſatt ſein?' ſind wohl aus ihr in vieler Kinder Mund übergegangen.*)

XXII, 16: »Ans et tejahr ümme düsse tied was« vgl. Woſſidlo 1, Nr. 5 (S. 238): 'Heut iſt ein jahr und tag'.

XXII, 16: 'Mutterherz, Mutterſchooſs, Mutterbruſt' vgl. Woſſidlo 1, Nr. 974, 5 (S. 224): »Mien mudder ehr schoot, Mien mudder ehr böst, Mien mudder ehr hart«.

Roſtock. K. Koppmann.

Pritzſtabel.

So heiſst noch heut in Berlin der Stromaufſichtsbeamte oder Waſſer- und Fiſcherei-Vogt der Oberſpree; ſ. Brandenburgia 1901 S. 142, wo auf Dr. G. Eberty's Aufſatz in der »Allg. Fiſcherei-Ztg.« XVIII vom 14. Jan. 1893 hingewieſen wird. Es gehört, wie ſo manche Bezeichnung der Fiſcherei, auch Namen der Fiſche, dem Sorbo-Wendiſchen an, ſieht aber auch ſo wie eine Entlehnung aus dem mittelalterlichen Curial-Latein aus. Könnte es princeps ſtabuli ſein, wie der frz. Connétable, engl. conſtable, unſer 1848 in Berlin Conſtabler genannter heutiger Schutzmann, urſpr. der Comes ſtabuli war? Hat der Ortsname Pritzwalk irgend eine Beziehung zu princeps? Etwa auch Prenzlau?

Weimar. Franz Sandvoſs.

giskertan? giſtortan?

Wadſtein im Gloſſar ſeiner Ausgabe der Kleineren altſächſiſchen Sprachdenkmäler (Ndd. Denkmäler VI) S. 185 verzeichnet, allerdings fragend und ohne Bedeutungsangabe, ein Verb. giskertan. Er ſchlieſst es aus einer Stelle von St. Petrier Gloſſen, wo überliefert iſt: »ei giſtertanne (ad ſtrudem, diſtructionem)«. Es iſt wohl ſtruem, ſowie deſtructionem zu leſen. deſtructio iſt = Zerſtörung, und dem entſpricht auch ſtrues in der Bedeutung »Haufen regellos übereinander liegender Gegenſtände«. Damit ergibt ſich auch für giſtertanne die Beſſerung giſtortanne, ſo daſs alſo hier das ſchw. v. giſtórtan, umſtürzen vorläge; vgl. mnd. de muren ſtorten, umſtürzen, zerſtören: Mnd. Wb. 4, S. 416b Z. 27. Für ſtrudem, das keine lateiniſche Form iſt, könnte man auch ſtragem vermuten.

Northeim. R. Sprenger.

Runzler

als Familienname im Göttingiſchen iſt wohl runſeler »einer der aus dem Schachern mit Sachen ein Gewerbe macht«. T. Doornk. Koolm. III, 72.

Northeim. R. Sprenger.

*) Die Wiedenſahler Erzählung iſt ſicher nicht aus jenem Heſſiſchen Märchen bei den Gebrüdern Grimm entlehnt; ſchon allein die zweite und dritte Reimſtrophe verbürgen ihre Originalität. Die Geſchichte von der launiſchen Ziege wird ein altes ſelbſtändiges Volksmärchen ſein; in der Heſſiſchen Ueberlieferung iſt ſie mit einem andern von den drei Zaubergaben als Einleitung zu dieſem verbunden worden. W.

reirig.

Dieses mir erst kürzlich hier zugetragene Wort wird in verschiedenen Bedeutungen verwendet. Reirig ist eine Pflanze, welche nur wenige Blätter hat, ein Feld, auf dem die Kartoffeln oder Rüben nur spärlich aufgegangen sind; diese selbst stehen reirig (oder wie man auch spricht reiberig, d. h. nicht dicht, sondern gleichsam in Reihen, die den Durchblick gestatten). So ist auch ein Mensch reirig, d. h. zerstreut und daher auch unzuverlässig und ähnl. Das hier allmählich aussterbende Adjektiv hängt natürlich mit mhd. mndd. rêren, abfallen, und rêre, Abfall, zusammen, ist mir aber bis jetzt sonst nirgends begegnet.

Lübeck. C. Schumann.

Zu Luffe (XXI, 90. XXII, 4. 7. 44).

Das Wort ist mir seit Jahren auch im Sinne von Ohrfeige bekannt. Ich kann mich nicht entsinnen woher, aber diese Bedeutung ist mir jüngst von einem Herrn aus dem Göttingischen bestätigt worden. Als Weissbrot fand ich es im Sommer im Südharz, doch im Begriffe, infolge des Fremdenverkehres durch das »feinere« Brötchen verdrängt zu werden.

Lübeck. C. Schumann.

Zur Flachsbereitung. (Aus Wiedensahl.)*)

lien (n.) Leinsamen.
flass (n.) Flachs.
saien, säen.
wüen, güten.
luken, lupfen, aufziehen.
spier, Halm.
knutten, Knoten, Samenkapseln.
knuttenkaff,
van der büänen up un aff,
schnell wiederholt, dient zur Sprechübung der Kinder.
reepen (f.) die Raufe.
Zu beiden Seiten der eisernen Kämme stehen Frauensleute und
reepen, rupfen die Knoten ab.
Müssige Zuschauer, falls sie zahlungsfähig sind, am Arm mit Flachs gebunden, müssen sich lösen durch scuten sluck. Den gereepten Flachs, von Kindern herbei getragen, bindet ein Mannsbild in kleine Bunde, in
waoterboten,
die dann zu der
rötekulen, der Rottekule,
vor's Dorf gefahren werden. Wer auf dem Fuder sitzt, hat zu erwarten, dass man ihn unterwegs mit Wasser begiesst.
spreen, ausbreiten des gerotteten Flachses auf Stoppel- oder Wiesenland, wo er mit der
spielen, einer glatten zugespitzten Stange, gewendet wird.

*) Vgl. Jahrbuch III, 152 161 (aus Geldern-Kempen; Göttingen-Northeim; Lüneburg-Bleckede) und Korrespondenzblatt XI, 71 (aus Oschersleben).

sünnigen, fonnen.
döschen, drefchen, zum vorläufigen Erweichen.
braoken, brechen, vermittels der ganz hölzernen
braoken (f.).
striapeln, abftreifen des gebrochenen Baftes, der
schiäwe (f.)
mit einer Brake, die innen eiserne Leiften hat.
ribben, fchaben,
geschieht auf dem Schoofs. Das Gerät dazu ist ein hölzerner Handgriff, worin der Länge nach ein eifernes Meffer fitzt.
swingen, fchlagen, mit einem breiten hölzernen Schwert, am
swingebock, einem aufrecht ftehenden Brett, unten feitwärts geftützt, oben zur Zierde ausgefügt und vorn in der Mitte von aufsen her mit einer Kerbe verfehn, um die
rissen, die Handvoll Flachs, hinein zu legen, die gefchwungen werden foll.
hiäkeln, hecheln.
heen (f.) Hede.
diessen (f.) Hedewickel, für den Rocken beftimmt.
knubben (f.) Flachszopf.
Zum Gebrauch wird die Knubbe mit ihrem einen Zipfel hinter das Schürzenqueder gefteckt, auf dem Schofse fein ausgebreitet, über den
wockenstock
gewickelt, um die Mitte das breite
wockenblatt,
worauf ein Spruch fteht, um die Spitze das fchmale gelegt; der
wocken
ift fertig, ift
anedaon, ift angethan,
und das Spinnen kann losgehn.

Mechtshaufen am Harz. W. Bufch.

Bällen (XXII, 7), Billenbrod (XVIII, 43. XXII, 47).

1. Sollte »Billenbrod«, »Büllen« nicht mit Bühl, Beutel, zufammenhängen? büllen = beuteln, Billenbrod = Beutelbrod d. h. Brod aus gebeuteltem Mehl gebacken?

Dortmund. F. Kohn.

2. In Gloddow, Kr. Rummelsburg (öftl. Pommern) bezeichnet man mit »dat Bulke« das Weifsbrot, den Stuten. In Zwilipp bei Colberg heifsen die kleinen runden Brötchen, die aus dem erften Roggen gebacken werden, »Bullen«. S. Blätter für Pom. Volkskunde III. S. 149. Auch in Rogafen (Prov. Pofen) heifsen die runden Weifsbrote, die auf der oberen Seite nur einen Schnitt haben, »Bulken«, und im Polnifchen ift bulka ebenfalls die Semmel. Offenbar ift das pommerfche »Bulke« das polnifche Wort.

Rogafen. O. Knoop.

Ökels.

E. M. Arndt, Erinnerungen aus dem äufseren Leben, her. v. R. Geerds, Leipzig, Reclam, S. 35 erwähnt bei der richtigen Erklärung von Ökelname (f. Mnd. Wb. III, 221) ein fonst nicht belegtes Ökels »Auffatz, Erhöhung, z. B. Auffatz auf einem Bienenkorb«. Danneil, altmärk. Wb. S. 149 hat: Ok'l »der oberfte Teil des Haufes unter den Sparren; eigentlich der Winkel, den die Sparren mit dem Boden bilden«. Im Brem.-niederf. Wb. III, 261 heifst es: »Oker, plur. Okern, der fcharfe Winkel, den der unterfte Theil des Daches mit dem Boden, oder Söllerboden macht: der Theil oder die Ecke des Bodens dichte unter dem Dache, welche auch wohl pflegt abgekleidet zu fein. In Renners Gloff. Fris. msc. heifst Oke der äufserfte Rand am Dache, die äufserften Latten am Dache: und Rhan-oken das äufserfte Ende der Segelftangen. In Hamburg ift nach Richey Oken der oberfte Hausboden im Dache: welcher bei uns Hanebalken heifst. Sprchw. Gladde Katten gaat nig under de Okern: Weiber, die täglich geputzt find, greifen keine Hausarbeit an.«

Northeim. R. Sprenger.

Windheike.

Die Wiedergabe diefes Wortes durch das hd. »Windbeutel« bei ten Doornkaat Koolman, Oftfrief. Wb. II, 59 entfpricht nicht der Grundbedeutung. »Windbeutel« bezeichnet nach dem bekannten Gebäck aus Mehl, Eiern und Butter einen innerlich hohlen Menfchen. Ein wind-heike ift aber vielmehr ein Menfch, der, wie es in Oftfriesland heifst, »de heik' na den wind hanget«. Diefe Rda. findet fich auch im Niederfächfifchen. S. Brem. Wb. II, 644 und vergl. auch »wendehoike« im Mnd. Wb. V, 668.

Northeim. R. Sprenger.

Huke und Hucke (XXII, 44).

Das von Reiche aus dem Braunfchweigifchen erwähnte Mittel gegen das Anfchwellen des Zäpfchens wird auch in anderen Gegenden Niederdeutfchlands angewendet. Vgl. Schambach S. 87: »hûk, huk, (hauk), der Hauk, das Zäpfchen im Halfe. de hûk is mek efchurret oder runder efchurret. Um das Uebel zu heben, werden nach dem Aberglauben die Wirbelhaare mit einer Kneipzange gefafst und in die Höhe gezogen.« — Danneil S. 85: »Huck, das Zäpfchen im Halfe, de Huck is fchaoten bedeutet das Angefchwollenfein des Zäpfchens. Um dies zu heilen zieht man einige Haare im Scheitel (Warw'l) ziemlich ftark in die Höhe; das nennt man: de Huck upptên«. Das Mnd. Wb. II, 326 hat: »hûk m. das Zäpfchen im Halfe, bef. im angefchwollenen Zuftande.« Auch ten Doornkaat K. II, 112 und das Brem. Wb. II, 665 fowie Schütze verzeichnen das Wort. Nach Doornkaat und dem Brem. Wb. ift es mit hûk, hôk, Ecke, Spitze einerlei Urfprungs, während im Grimmfchen Wb. das gleichbedeutende Hauch, bez. heuch, huch, mit fkr. kâkud, kâkuda (Mundhöhle, Gaumen) und kâkalaka (Kehlkopf, Schildknorpel) verglichen wird. Zu hûk, Ecke, Winkel gehört wohl, wie auch fchon Adelung vermutete, de huke, das Niederfitzen mit zufammengezogenen Knieen und gekrümmtem Rücken (in Quedlinburg verhochdeutfcht »in der Hüche fitzen«) fowie das Verb. hûken [vgl. Mnd. Wb. II, 329; Doornkaat II, 112; Brem. Wb. II, 665; Schambach S. 87; Danneil S. 86]. Hierher gehört auch das ins Hochdeutfche übergegangene Hucke-back »mit gekrümmtem Rücken«.*) S. Brem. Wb. II, 666, wo auch die Bezeichnung des drückenden Alps als »Hukk-up« erwähnt wird, sowie Schambach S. 87, Danneil S. 85, 73. So erklärt fich wohl auch der Hôken, eine winkelige Strafse am Markt zu Quedlinburg.

Für Hucke = mantelartiger Umhang hat das Mnd. Wb. II, 281, wo das Kleidungsftück genau befchrieben wird, die Formen: hoike, heike, huke, hoke. Das Brem. Wb. II, 643 hat Hoiken, Heuken in derfelben Bedeutung. Ueber die Etymologie diefes Wortes handelt ausführlich Doornkaat II, S. 59. Doch haben mich seine Ausführungen nicht überzeugt, und ich glaube nicht, dafs beide Wörter desfelben Urfprungs find. Schambach S. 77 hat heike. Aus Quedlinburg kann ich die Rda.: »Geh mir von der Haeke« beibringen, welche meine Mutter gebrauchte, wenn wir Kinder ihr zu läftig wurden. Auch hier bezeichnet die Haeke (ags. hæcce) das weibliche Kleidungsftück.

Northeim. R. Sprenger.

Druvappel (XXII, 47).

1. Nach Nemnich, Polyglotten-Lexikon der Naturgefchichte, Hamburg 1793, heifst der Traubenapfel auch Apiapfel, franz. pomme d'api oder blofs api. Er befchreibt ihn als parvum, glabrum, hinc fubflavescens, inde splendide purpureum, inodorum, brumale, alfo ein kleiner, glattfchaliger, geruchlofer Winterapfel, auf der einen Seite gelblich, auf der andern prächtig purpurroth.

In dem Botanifchen Tagebuch des Roftocker Profeffors Peter Lauremberg (1627—1639), über welches Ludwig Kraufe in Koppmann's Beiträgen zur Gefchichte der Stadt Roftock Bd. I Heft 4 S. 41—64 ausführlich und anziehend berichtet hat, wird diefer Apfel mehrfach genannt: Drufappel S. 49 f., Traubapfel S. 49. In dem Verzeichnifs Lauremberg's »über diejenigen Leute und Orte, bei denen bezw. wo es damals gute Aepfel gab,« werden aufser den feinigen noch fieben Gärten in oder bei Roftock aufgezählt, wo die Druffepfell gezogen wurden.

Hamburg. C. Walther.

2. (Angabe eines Mecklenburgers:) 3—4 kleine gelbe Aepfel wachfen beifammen; aber — »dann ift da immer eine rothe Backe.«

Einem Vierländer waren die Druwappels wohl bekannt: »Daar sitten woll 5, 6 tohopen; aber de sind ut de Mod'.«

Die pommes d'api in Nordfrankreich bilden förmlich Trauben. Es find hellfarbige, glänzende Aepfelchen mit fehr auffallend fich abhebender dunkelrother Wange und — »lieblich anzufehen«. — 'Ses joues sont deux pommes d'api', ein dem Franzofen geläufiger Vergleich.

Hamburg. J. Schufter.

---

*) Vgl. Bürgers Weiber von Weinsberg Str. 10: huckepack.

Prieche (XXI, 74. 87. XX, 18.)

Prof. Roediger's Ableitung von prieche aus perioche ist scharfsinnig und wohl überlegt: sie befriedigt so völlig alle Ansprüche, welche in sprachlicher wie sachlicher Hinsicht zu stellen sind, dafs ich von der Zulänglichkeit derselben frappiert war, als im Jahre 1898 bei Gelegenheit der Besichtigung einer alten Priechenkirche in Gandersheim durch die von Eimbek ausgeflogenen Hanseaten und Niederdeutschen ein Herr — ich weifs nicht ob aus Muret-Sanders oder aus eigenem Funde — gesprächsweise diese Etymologie mittheilte. Nachträglich ward mein Glaube aber durch drei Thatsachen erschüttert. Erstens liefs sich nicht feststellen, dafs das griechische Wort ins Mittellatein aufgenommen sei. Zweitens ist zwar Prieche die verbreitetste und schriftdeutsch gewordene Form, in Ravensberg (Jellinghaus) sagt man aber Pruicheln (Plur.), in Ostfriesland (Doornkaat, Stürenburg) Priechel und Priekel, bei Kiel (Schütze) Priegel. Drittens wird in den von Diefenbach (Glossarium Latino-Germanicum) gesammelten mittelalterlichen Glossen das lat. pergula übersetzt durch: »gang, letuer, laube, ercker, porkirche, surspitz an einem hufs, soler«; das Wort pergula mufs also in der Baugeschichte eine wichtige Rolle spielen und ward auch für das, was Prieche bedeutet, gebraucht.

Zu einer sicheren Entscheidung über die Etymologie des Wortes Prieche entbehrt man leider der Belege aus früherer Zeit. Die älteste bekannte Erwähnung von Prieche ist von Chr. Schultze, Aufnahme und Abnahme der Stadt Gardelegen, Stendal 1668 (f. J. L. Frisch, Teutsch-Latein. Wbuch I, 144 a); die nächste in des aus Hannover gebürtigen Professors in Halle J. H. Böhmer Ius parrochiale 1701 (f. Lexer im Grimm'schen Wbuch unter 'Prieche'). Frisch nennt Schultze's Schreibung eine üble. Er selbst setzt es als 'Brüge' an und umschreibt die Bedeutung durch »ein erhabener Ort, worauf man denen Schau-Spielen zusiehet, oder in der Kirche zuhöret«. Es sei dieses Wort nicht überall gebräuchlich; in Nieder-Sachsen oder Ober-Sachsen am meisten. Doch habe es auch das Schweizerische Lexicon des Josua Maaler oder Pictorius, Zürch 1561: brüge, f. 'machina, tabulatum', als Bühne im Theater, Pl. brüginen = Stände im Schauspielhaus oder Gänge im Schiff; und das des Strafsburgers Petrus Dasypodius, 1535: »brüge mitten im schawhausz, orchestra, pulpitum«. Aus Pictorius bringt er aufserdem das Diminutiv brügel, tile, planca. Jacob Grimm hat im Deutschen Wbuch I, 422 das Wort brüge schon in der Mitte des 15. Jahrhunderts nachgewiesen aus des Schwaben Heinrich Wittenweiler Dichtung 'Der Ring', wo prügi gebraucht wird von einem Brettergerüst zum Zuschauen beim Turnier. Grimm zeigt auch, dafs laut des Schweizerischen Idioticon von Stalder in der Schweiz noch brüge, brügi gebraucht werde für »Erhöhung von Brettern, Heuboden, Fufsboden im Stall, Gerüst zur Aufbewahrung von Baum- und Erdfrüchten, Bühne im Schauspiel«.

Es scheint der Ausdruck 'brüge' nur im südwestlichen Oberdeutschland zuhause zu sein. Schmeller hat ihn im Bayerischen Wörterbuche nicht. Aus Mitteldeutschland ist er gleichfalls nicht weiter bezeugt, als dafs Frisch sagt, er sei in Obersachsen gebräuchlich; leider giebt er die Form nicht an. Ebenso ist 'prieche' in Niederdeutschland auf einige Landstrecken beschränkt, wie schon Prof. Sprenger (XXI, 87) bemerkt hat. Nachgewiesen ist es aus der Provinz Sachfen, Braunfchweig, Niederfachfen zwifchen Wefer und Elbe, dem Ravensbergifchen, Oftfriesland, Hamburg, wo es aber für mehr ländliches Wort ftatt des ftädtifchen Lekter oder Lector gilt, und aus Holftein. Im eigentlichen Weftfalen und am Niederrhein fcheint es nicht vorzukommen, ebenfo nicht in Bremen, in Lübek und im ganzen Often von Norddeutfchland.

Weitere Nachweife fowohl ältere litterarifche aus Chroniken, Kirchenrechnungen, Lehrbüchern der Baukunft u. f. w., wie neuere aus den Mundarten könnten vermuthlich zur Aufhellung der Gefchichte des Ausdruckes beitragen.

Für die Ableitung aus 'pergula' fallen die ndd. Formen mit auslautendem 'l' einigermafsen ins Gewicht. Diminutive von 'prieche' find fie ficher nicht. Umgekehrt liefse eine Verkürzung von 'priegel' zu 'prieche' fich durch die Annahme erklären, dafs man die Endung -el irrthümlich als verkleinernd empfunden habe. Einen gleichen Entwickelungsgang kann man an den Wörtern beobachten, welche aus dem mlat. crusibulum, crosibulum (Tiegel, Leuchtfafs, Lampe) gefloffen find: aus krufel, krofel wurde, als man wegen der Endung ihm diminutiven Charakter beimafs, das mhd. krufe, nhd. kraufe, das ndd. krûs und krôs gebildet, welchem Wort man, nur die Vorftellung eines irdenen Gefäfses fefthaltend, dann wiederum die fpecielle Bedeutung eines Trinkgefäfses gab, während jenem kräufel, krüfel, kröfel vorwiegend die urfprüngliche Bedeutung der Lampe, des Tiegels blieb.

Hamburg. C. Walther.

Paltrock.

Dafs dies Wort (Mnd. Wb. 3, 295) früher auch in Quedlinburg bekannt war, beweift ein von Dr. Kohl in der Zeitfchrift des Harzvereins in den 70er Jahren herausgegebener Hexenprozefs, wo es fälfchlich als »Pelzrock« erklärt wird.

Northeim. R. Sprenger.

Zu früheren Mitteilungen.

1. (XXII, 23. 42) Oll Maidag ift hier der 13. Mai. Der 12. Mai ift Oll Maidag Avend, der letzte Tag der fogenannten erften Zwölften (Zwölfnächte), während deren Donar und Frija ihre Hochzeit feierten.

2. (XXI, 79. XXII, 26) Siebenfprung, Vers und Tanzart fiehe bei R. Andree, Braunfchweiger Volkskunde S. 478.

3. (XXII, 15. 46) Ich bin fatt, mag kein Blatt, fagt die Ziege in Grimms Märchen »Tifchlein, deck dich«.

4. (XXII, 14. 46) Alheid heifst die Gans, weil fie der Vogel der (Sonnen-)Göttin Frija ift.

Lübeck. C. Schumann.

Hörenfagen (XXI, 91. XXII, 7. 19. 24).

Ueber Hörenfagen vgl. noch Moritz Heynes Deutfches Wörterbuch II, 198.

Northeim. R. Sprenger.

Huke en Hucke (XXII, 44).

De Nederduitsche woorden Huke (het lelletje in de keel) en Hucke (ouderwetsche vrouwen-kapmantel) zijn in der daad twee geheel verschillende woorden, en staan met elkanderen in geenerlei verband.

Het uitstekende verlengsel van het zachte gehemelte in de keel heet in het Nederlandsch huig, in het Friesch hûch; en de mantel heet in beide talen huik. De oorsprong van 't woord huig is mij niet bekend; maar het woord huik is van het Fransche hucque ontleend. Immers reeds in de 16de en 17de eeuw, toen de huiken in Nederland en Neder-Duitschland gedragen werden, kwam »de mode« uit Frankrijk, even als thans.

»Jemand de huig lichten« is in Holland, »imman de hûch lichte«, is in Friesland bij het volk zoo goed bekend als »Een de Huke uptrecken« in het Land van Brunswijk. Het Friesch Woordenboek (Leeuwarden, Meyer en Schaafsma, 1900) vermeldt deze zaak, op het woord hûch, in dezen vorm: »de huch lichte: immen it middelste hier út 'e dwarl boppe op 'e holle útlûke« = Einem das mittelfte Haar aus dem Wirbel oben auf dem Kopfe ausziehen. Men trekt namelijk, om de gezwollene huig zoogenoemd te lichten, in Holland en Friesland niet een geheel bos haar uit, als in Neder-Duitschland, maar slechts een enkel haartje, dat evenwel juist het middelste haartje zijn moet.

Haarlem. Johan Winkler.

De oude Meidag (XXII, 23. 42).

Als oude Meidag, Friesch »Alde Maeye« geldt nog heden in geheel het Nederlandsche Friesland de 12de Mei, ofschoon in al de andere Nederlandsche gewesten de 1ste Mei de dag is, waarop de huur van huizen, enz. en van dienstboden ingaat. En zoo is het ook met Allerheiligen, 1 November, in al de Nederlanden; maar in Friesland geldt slechts »Ald Alderhil'gen«, 12 November.

Haarlem. Johan Winkler.

Krüfel.

Vor dem Petroleum ift allmählich die kleine aus Eifenblech geformte Thran- und Oellampe gewichen, die bis in das vorige Jahrhundert hinein in fo mancher Spinnftube, bei fo manchem Handwerker und armen Manne oft das einzige Beleuchtungsgerät war. Ueber die Herkunft des Namens find fehr verfchiedene Anfichten ausgefprochen. Schiller-Lübben erläutert eine kleine, hängende Lampe von gekraustem Metall. Hier ift alfo an eine Ableitung von krûs gedacht, was wohl fchon um deswillen zurückzuweifen, weil nur höchft felten, ausnahmsweife ein Krüfel aus »gekraustem« Metall vorkommt — er ift faft ftets glatt. Sehr weit griff Breufing (Jahrbuch für niederdeutfche Sprachforfchung 1879 S. 1) aus. Nach ihm follen Wort und Sache durch baskifche Thrantierjäger über See nach Niederdeutfchland gelangt fein: im Baskifchen heifse eine folche Lampe crisuela. Ich felbft habe wegen der annähernd krugförmigen Geftalt an ndd. krôs, kraus, krûs als Stammwort gedacht (Braunfchw. Volkskunde. Zweite Aufl. S. 255 Anmkg. 3).

Wie ich einer Belehrung des Herrn Prof. Hugo Schuchardt in Graz verdanke, ist als richtig Folgendes zur Etymologie unseres Wortes Krüsel hinzustellen. Das baskische Wort Kriselu, Kruselu ist nichts anderes als das spanische crisuelo, Lampe; im Provençalischen ist creissieu, crisiò eine Lampe von antiker Form. Wir müssen daher im romanischen Sprachgebiete nach dem Ursprung unseres Wortes Krüsel suchen. Es führt auf ein lateinisches cruciari, schmelzen, daher altfranzösisch croisuel, die Nachtlampe und der Schmelztiegel, neufranzösisch creuset, Schmelztiegel. Ebenso crogiuolo im Italienischen. Offenbar stammt unser Krüsel daher aus dem Romanischen, ob durch Vermittlung der baskischen Thrantierjäger, wie Breusing will, wäre erst näher nachzuweisen.

Braunschweig. R. Andree.

II. Litteraturanzeigen.

Die Sprache der Buren. Einleitung, Sprachlehre und Sprachproben. Von Heinrich Meyer, Dr. phil., Assistent am Deutschen (Grimm'schen) Wörterbuche. Göttingen, Franz Wunder. 1901. — XV u. 105 S. — 2,00 Mk.

Unter der Reihe von Schrift- und Litteratursprachen, die sich im Verlaufe des 19. Jahrhunderts aus bisherigen Dialekten erhoben haben und zu dem alten Bestande der Culturſprachen hinzugekommen sind, hat kaum eine über das ihr eigentümliche Gebiet und den engen Kreis der philologischen Fachmänner hinaus gröſsere Wirkungen ausgeübt. So bedurfte es auch erst des gewaltigen Kampfes, der nun schon seit mehr als 2 Jahren zwischen England und den Burenstaaten um die Vorherrschaft in Südafrika tobt, um die Aufmerksamkeit eines gröſseren Publikums auf die neue südafrikanische Schriftsprache, die Sprache der Buren, zu lenken. Auſser Ernst Martin, der in einem Artikel der Straſsburger Neuesten Nachrichten (Nr. 99 vom 28. April 1900) die erste Uebersicht über die Sprache des Burenvolkes gab, verdanken wir in Deutschland auf diesem Gebiete alles den Arbeiten Heinrich Meyers. Dem engeren Kreise der niederdeutschen Fachgenossen legte er auf der Göttinger Jahresversammlung Pfingsten 1900 seinen ausgezeichneten Aufsatz »Ueber den Ursprung der Burensprache« vor, der die Ergebnisse der bisherigen Arbeiten afrikanischer und holländischer Gelehrten mit sicherer philologischer Kritik durchmusterte und zusammenfaſste. An ein gröſseres Publikum wendet sich das vorliegende Buch Meyers, es will in erster Linie eine praktische Sprachlehre sein, mit deren Hülfe sich auch ein nicht philologisch geschulter Deutscher leicht und gründlich in die Burensprache einarbeiten kann. Daſs dem Buche trotzdem auch ein nicht geringer Strom neuen philologischen Materials zugeflossen ist, möchte ich besonders hervorheben und verweise vor allem auf die S. 94 ff. abgedruckten Bemerkungen des Herrn N. M. Hoogenhout, eines geborenen Capholländers. Aber auch dem Texte Meyers merkt man es auf Schritt und Tritt an, daſs er inzwischen die lang ersehnten Bücher aus Südafrika erhalten hat. Die Denkmäler der jungen afrikanischen Litteratur sind ja fast durchweg in Capstadt oder in der Paarl aus Licht getreten, da ist es gerade in diesen Kriegsjahren mit den gröſsten Schwierigkeiten und einem unerhörten Aufwande von Zeit und Geduld verbunden, eine einigermaſsen vollständige Sammlung dieser Bücher zusammenzubringen. Wir sind deshalb Meyer zu um so gröfserem Danke verpflichtet, als er sein Buch durchaus auf den primären Quellen aufbaut.

Das Werk selbst zerfällt in drei grofse Teile, eine geschichtliche Einleitung, die Sprachlehre und eine reiche Sammlung von Sprachproben. Dem praktischen Zwecke der Spracherlernung sind Teil 2 und 3 gewidmet. Die Sprachlehre legt die grammatischen Arbeiten S. J. du Toits, des eigentlichen Begründers der südafrikanischen Schriftsprache, und W. J. Viljoens zu Grunde und pafst sie den Bedürfnissen des deutschen Publikums an. Tiefere sprachwissenschaftliche Kenntnisse werden nirgends vorausgesetzt und Erläuterungen fast immer nur aus dem Deutschen geholt, selbst die unumgänglichen Hinweise auf das Holländische sind auf das Notwendigste beschränkt worden. Für norddeutsche Leser, an die sich Meyers Buch doch in erster Linie wendet, wären öfter noch, als Meyer es thut (vgl. S. 48 mit twee Augen, S. 51 sutjen), erläuternde Beispiele aus den niederdeutschen Dialekten und der niederdeutsch gefärbten Vulgärsprache erwünscht gewesen. Manche Eigenheiten der burischen Flexion und Wortbildung treten dadurch aus ihrer scheinbaren Isolierung heraus; ich führe hier nur an feuls te veul S. 39 § 18 c, das mir als vööls to vööl ganz geläufig ist, ferner die pleonastische Verwendung von sin in Ausdrücken wie dat's min sin S. 42 § 25 c, und die Accentverschiebung in waráchtig u. ä. S. 94. Dafs auf der andern Seite die Sprachlehre des Meyerschen Buches trotz aller Popularisierung an mehr als einer Stelle über die praktischen Bedürfnisse des Laien hinauswächst und z. B. im Capitel über die Bildung der Deminutiva mit geradezu peinlicher Genauigkeit alle Möglichkeiten der Formenbildung ausschöpft, ist dem Verfasser selbst nicht entgangen. Wer das Buch nur als Sprachführer benutzen will, thut also gut, Meyers Wink S. IX der Einleitung nicht zu übersehen. — An Einzelheiten habe ich nur wenig Ausstellungen vorzubringen: Die Bemerkungen über den Accent der Burensprache, die Meyer S. 93 f. nachträgt, werden am Eingange der Sprachlehre sehr vermifst. § 7 der Grammatik waren die beiden ou schärfer zu trennen, hier mufste das sprachgeschichtliche Moment etwas stärker betont werden; der Philologe sieht ungern das Umlauts-eu (aus oo) in einem Atem mit dem dialektisch aus e entwickelten eu zusammengestellt. Den Aufstellungen der afrikanischen Grammatiker ist Meyer § 19 d S. 40 zu eng gefolgt: in diilânse, anderlandse sand, slawetyse mense haben wir ohne Zweifel die alte niederländische Adjectivendung -sch zu erkennen; wenn man für das -se jetzt zuweilen syne schreibt, so ist das nur eine verkehrte Ausdeutung, die durch den überhandnehmenden Gebrauch des enklitisch angehängten -se = syn hervorgerufen ist. Dafs gerade du Toit noch öfter einmal sich zu willkürlichen Constructionen hat verleiten lassen, um die afrikanische Schriftsprache dem Holländischen möglichst abzurücken und sie zugleich einheitlicher zu gestalten, scheint mir auch aus anderen Punkten zu erhellen. Ich verweise z. B. auf Meyers Anmerkung zu Stück 1,3 (S. 60): das von Meyer mit Recht beibehaltene et in gebeur et, das Hogenhout in der 2. Auflage seines Werkchens regelmäfsig in dit corrigiert hat, ist natürlich nicht die Abkürzung von dit, sondern ein Ueberrest des alten nld. het, das sich in der Enclise hinter dem Verbum erhalten hat; hier überall dit einzusetzen, ist Schulmeisterei.

Die der Grammatik S. 56 ff. beigegebenen Sprachproben sind gut ausgewählt, sie befriedigen nicht nur das sprachliche Interesse, sondern führen zugleich auch in die eigentümliche Denkweise der Buren ein und geben uns einen kleinen Ausschnitt aus dem Sprachkampfe und den socialen Gegensätzen zwischen den beiden afrikanischen weißen Racen. Nur die Uebertragung des Goetheschen Erlkönigs, die sich weder durch sprachliche Reinheit noch durch dichterischen Wert auszeichnet, würden wir nicht vermissen. Meyers Commentar zu den einzelnen Stücken sei eifrigem Studium empfohlen, er steht in ununterbrochener Wechselwirkung mit der Sprachlehre und macht sie erst recht fruchtbar. Auch die am Schluss des Buches beigegebenen Register sind eine wertvolle Ergänzung der Grammatik und der Anmerkungen.

Die geschichtliche Einleitung endlich, die der Sprachlehre vorangeht, giebt eine knappe, aber hinreichende Einführung in den Werdegang des Burenvolkes und seiner Sprache. Capitel 1 beschäftigt sich mit der Geschichte der niederländischen Besiedler Südafrikas von dem Tage der Besitzergreifung des Caps am 9. April 1652 an bis auf die Schreckenstage der Gegenwart, wo die holländische Nationalität in Südafrika den entscheidenden Kampf um ihre Existenz kämpft. Ueberall hebt der Verfasser diejenigen Punkte besonders heraus, die für die Bildung und Entwicklung der Nationalität und der Sprache von Wichtigkeit gewesen sind. Nationalität und Sprache sind bei den Buren ganz ähnliche Wege gegangen. Beide sind starken äußeren Beeinflussungen durch fremde Völker ausgesetzt gewesen. Noch deuten die Familiennamen der Buren darauf hin, dass ein starker Procentsatz deutscher und französisch-hugenottischer Bevölkerung in ihnen aufgegangen ist, aber trotz der hohen Ziffer vor allem der deutschen Elemente, von der wir S. 4 mit Staunen hören, hat der niederländische Grundstock alles Fremdartige in sich aufgesogen, und nichts wäre verkehrter als die heutigen Buren ein Mischvolk zu nennen. Den Nachweis einer ähnlichen Entwicklung in der Sprache der Buren führt das 2. Capitel der Einleitung. Gerade hier häufen sich aber die Probleme für den Sprachforscher, die Meyer an dieser Stelle nur kurz hat berühren können; er handelt über diese Dinge ausführlicher in dem Aufsatze der Festschrift, den ich für diesen Punkt also meiner Besprechung mit einschliesse. Die Sprache der Buren ist, ihrem grammatischen Aufbau, ihren Lautformen und selbst ihrem Wortschatze nach, durchaus ein Dialekt der niederländischen Volkssprache, nicht eine Mischsprache. Die Theorien früherer Forscher, nach denen die mancherlei Eigentümlichkeiten dieses Dialektes auf einer organischen Verbindung mit dem Englischen oder dem Französischen beruhen sollten, sind schon von Viljoen und eingehender noch von Hesseling in seinem gelehrten Werke ›Het Afrikaansch‹ (Leiden 1899) mit Recht zurückgewiesen worden. An das Englische ist überhaupt nicht zu denken, denn bei der ersten näheren Berührung der Buren mit den Engländern vor etwa 100 Jahren war die Sprache der Buren längst bis in alle Einzelheiten ausgebildet. Aber auch das Französische, das bereits 36 Jahre nach der Gründung der Capstadt mit den hugenottischen Colonisten seinen Einzug hielt, und von dem man lange angenommen hatte, dass es nicht nur den Wortschatz, sondern auch die Structur der Sprache der jungen Colonie stark modificiert habe, hat weiter keine Spuren in ihr hinterlassen, als eine unbeträchtliche Anzahl von Lehnwörtern; die Sprache war eben auch damals schon im Grossen und Ganzen fertig. Nur wenig größer ist die Zahl der Lehnwörter aus dem Deutschen und den Eingeborenensprachen.

Neuerdings hat nun Hesseling in seinem eben erwähnten Buche den Versuch gemacht, einer anderen, nicht europäischen Sprache, dem Portugiesisch-Maleiischen (Kreolischen), den tiefgehendsten Einfluſs auf die Entwicklung der Burensprache zuzuschreiben. Hesselings Aufstellungen sind z. T. recht verlockend: er weist nach, daſs das Kreolische, die damalige lingua franca der indischen See und der Ostindienfahrer, in der Capcolonie wohlbekannt war und nicht nur von den Schiffern, sondern weit mehr noch von den zahlreichen Sklaven gesprochen wurde. So findet sich denn auch eine groſse Zahl von kreolischen Lehnwörtern in der Burensprache wieder, Hesseling zählt über 70 Entlehnungen auf gegen 24 aus dem Französischen, Deutschen und den Eingeborenensprachen zusammengenommen. Wenn er nun aber weiter geht und auch eine ganze Reihe von grammatischen Eigenheiten der Burensprache aus der Einwirkung des Kreolischen erklären will, so müssen wir diese von ihm construierte burisch-kreolische Mischsprache durchaus ablehnen. Festschrift S. 110 ff. weist Meyer an einigen Hauptpunkten nach, daſs wir im letzten Grunde die Wurzel aller dieser Erscheinungen im Burischen selbst und seinem Charakter als niederländischem Dialekt zu suchen haben und nirgends auf die scheinbaren, oft aber auch sehr zweifelhaften Analogien fremder Sprachen zu recurrieren genötigt sind. Wenn das Burische manche der im Niederländischen vorhandenen sprachlichen Tendenzen schneller und consequenter ausgebildet hat, als irgend ein anderer niederländischer Dialekt, so liegt das eben in der Abgeschiedenheit der burischen Siedelungen und ihrem recht geringen Zusammenhange mit den litterarischen und sprachlichen Bewegungen des Mutterlandes begründet. Aber nicht darin allein: nicht nur die Keime dieser Entwicklung, sondern bereits ganz kräftige Ansätze und Sprossen derselben hat die Burensprache schon aus ihrer europäischen Heimat mitgebracht. Meyers Darstellung ist für diese Periode der Sprache nicht so klar und einwandsfrei, wie sonst in seinem Buche. In dem Artikel der Festschrift und dem gröſseren Teile von Cap. 2 der Einleitung des Buches vertritt er die Ansicht, daſs die Burensprache ein nordholländischer Dialekt, vielleicht der der Hafenbevölkerung von Amsterdam, sei, der erst nach der Ansiedelung der Colonisten in Südafrika auf dem fremden Boden sein eigenartiges Gepräge erhalten habe. Das ist der Gesichtspunkt, von dem alle früheren Gelehrten, auch Hesseling noch das Afrikanische betrachteten, und dem sich auch Meyer, der ja hier besonders mit Hesselings Buch abrechnet, nicht hat entziehen können. Nun haben aber die Forschungen Viljoens und Hesselings das Alter der heutigen Burensprache immer weiter hinaufgerückt. Während Viljoen noch damit zufrieden war nachzuweisen, daſs die Entwicklung der Sprache noch unter der holländischen Herrschaft in Südafrika abgeschlossen worden sei, wissen wir jetzt, daſs bereits die umfangreichen Dagverhalen des Gründers und ersten Gouverneurs der Capcolonie Jan van Riebeek 1652—1662, die zwar im allgemeinen in hochholländischer Sprache abgefaſst sind, doch schon deutliche, wenn auch noch vereinzelte Spuren gerade der merkwürdigsten Idiotismen des Afrikanischen zeigen. Dazu stimmt, daſs das heute so weit umgrenzte Gebiet des Afrikanischen fast gar keine dialektischen Differenzen aufweist, und daſs die Sprache das Französische der Hugenotten überaus schnell aufgesogen hat. Die Vertreter der alten Anschauung müſsten jetzt also annehmen, daſs die Sprache der südafrikanischen Colonisten in den ersten Jahren der Besiedelung eine plötzliche, tief einschneidende Veränderung durchgemacht habe, um dann mehr als zwei Jahrhunderte hindurch ganz stillzustehen oder jedenfalls nur ganz langsame und geringfügige Wandelungen zu erleiden. Auf den richtigen Weg führt hier eine Hypothese, die Meyer S. 17 f. am Ende des Capitels, gewissermaßen als eine Anmerkung anhängt, die aber einen ganz neuen Gesichtspunkt aufstellt, nach dem die früheren Abschnitte des Capitels und der Aufsatz in der Festschrift umzumodeln wären. Er sagt da: »Vielleicht standen die Grundzüge der Sprache schon vor der Besiedlung fest und ihre Entwicklung geschah gar nicht in Afrika. Mit andern Worten, vielleicht hatte der blühende überseeische Handel auch beim Holländischen eine ähnlich abgegriffene und entartete Mischform als Schiffer- und Küstendialekt erzeugt, wie sie sich beim Portugiesischen viel früher herausgebildet hatte.« Den Vergleich des letzten Satzes will ich nicht pressen, das Hauptgewicht liegt auf den ersten Worten. Die Sprache der holländischen Colonisten hatte also bereits in der Heimat ein doppeltes Element in sich aufgenommen, einmal die Laute und den Wortschatz eines holländischen Dialektes und dazu eine Reihe von syntaktischen und Flexionseigentümlichkeiten nebst einem ansehnlichen Wortvorrat aus der Amsterdammer vulgären Volks- und Schiffersprache. Die dialektische Färbung der Burensprache zeigt keinen durchaus einheitlichen Grundcharakter: den specifisch nordholländischen Erscheinungen, die Viljoen aufgezeigt hat, stehen mehrere südholländische Elemente gegenüber. So gehören z. B. die Formen **kos**, **begos** (= **koste**, **begoste** = **konste**, **begonste**) heutzutage wenigstens nur noch dem Südholländischen an, vgl. Winkler, Dialektikon II, 113. Jellinghaus, Die ndl. Volksmundarten, S. 81. Es ist doch auch nicht außer Acht zu lassen, daß nach den urkundlichen Nachrichten die Mehrzahl der Siedler aus Südholland stammte, wie das Waisenhaus von Rotterdam einen Teil der Stammmütter des Burenvolkes geliefert hat. Bei der Untersuchung der dialektischen Eigentümlichkeiten der Burensprache muß man natürlich durchaus auf die holländischen Dialekte des 17. Jh. zurückgehn, in denen z. B. die in der Burensprache wiederkehrenden friesischen Lautformen viel weiter reichten als heute. Im Laufe des 17. Jh. ist auch durch den mächtig aufblühenden ostindischen Handel der Niederlande eine vulgäre Sprache der Schiffer- und Hafenbevölkerung der holländischen Haupthafenplätze aufgekommen. Wollen wir diese bisher noch selten für sich betrachtete Form der holländischen Sprache des 17. Jh. näher kennen lernen, so ist dazu einmal die genaue Untersuchung der gewöhnlichen holländischen Umgangssprache dieser Zeit, wie sie aus den Werken der Amsterdammer Lustspieldichter bekannt ist, anzustellen. Wie ertragreich eine solche Untersuchung für die Geschichte der Burensprache sein würde, lehrt ein Blick auf die Zusammenstellung volkstümlicher Worte und Wortformen, die der Dichter Langendijk in der 2. Auflage seiner Werke durch gebildetere Ausdrücke ersetzte, vgl. te Winkel in Pauls Grundriß [2], Bd. 1, S. 888; siehe auch Hesseling S. 92 sub voce **Josi**. Ferner ist aber die gesamte Umgangssprache der in Ostindien lebenden Holländer und ihre Rückwirkung auf die Sprache des Mutterlandes näher zu studieren. Noch heutzutage gebrauchen gerade die aus Indien zurückkehrenden Niederländer die meisten malaiischen Wörter, wie sie auch manche in Indien aufgekommene Bedeutungsveränderung rein niederländischer Wörter in die Heimat verpflanzen, vgl. te Winkel a. a. O. S. 921. In diesem großen Zusammenhange wird die Sprache des Caplandes, der »Grenzfestung von Indien«, wo sich unaufhörlich die Wege der von und nach Indien Reisenden kreuzten, eine besonders wichtige Stellung einnehmen; so betrachtet, wird auch Hesselings oft genanntes Buch erst seinen richtigen Nutzen bringen. Mich wundert, dafs Meyer bei dem Durchsehen der langen Listen maleiisch-portugiesischer Lehnwörter, die Hesseling giebt, nicht die bemerkenswerte Thatsache constatiert hat, dafs die Mehrzahl der im Afrikanischen nachgewiesenen kreolischen Lehnwörter auch im Niederländischen des Mutterlandes ein mehr oder weniger dauerhaftes Leben geführt haben. Dafs das Afrikanische immer eine etwas gröfsere Zahl solcher Wörter besessen hat als das Holländische, ist nur natürlich; geht man noch weiter östlich bis nach Niederländisch-Indien selbst, so werden sich die kreolischen (oder heutzutage, wo das Portugiesische längst seine Rolle ausgespielt hat, die rein maleiischen) Wörter Schritt für Schritt vermehren.

Wie weit nun diese holländische Schiffersprache in der Abschleifung der Flexionsendungen und dem Zusammenfall der Wortformen und Wortklassen vorgeschritten war, als die Colonie am Cap der guten Hoffnung angelegt wurde, vermag ich im Einzelnen nicht anzudeuten. Die südafrikanischen Siedler blieben jedenfalls, wie Hesseling sehr hübsch ausgeführt hat, die ersten Jahrzehnte noch durchaus unter ihrem Einflufs, und erst da mag die Entwickelung der uns heute vorliegenden Burensprache ihren Abschlufs gefunden haben. Als die Colonie aber aufhörte, eine blofse Erfrischungsstation auf dem Wege nach Indien zu sein, und das Schwergewicht sich auf die allmählich immer weiter ins Innere vordringenden Niederlassungen concentrierte, entwuchs die Sprache allmählich den Einwirkungen der Seemannssprache, sie wurde landfest und hat sich seitdem bis in unsere Tage recht conservativ gezeigt. Während in Niederländisch-Indien heute nur noch das von der farbigen Bevölkerung gesprochene Holländisch an die Burensprache erinnert (Hesseling S. 75), die Sprache der Gebildeten aber durch den unaufhörlichen Zuflufs aus dem Mutterlande längst der höheren Umgangssprache zuzurechnen ist, hat sich in Südafrika die alte Vulgärsprache ein riesiges Territorium erobert, auf dem sie die alleinherrschende Verkehrssprache aller niederländischen und eingeborenen Elemente darstellt.

Wenn nun in den letzten Jahrzehnten der energische Versuch gemacht wurde, diese Verkehrssprache auch zu einer Schriftsprache zu erheben und auszugestalten, so hatten diese Bemühungen mit doppelten Schwierigkeiten zu kämpfen. Als ihr Gegner trat nicht nur das mächtig vorwärtsdringende Englische auf, sondern auch das Schriftholländische, das seine Alleinherrschaft in der kirchlichen Sprache niemals aufgegeben und auf dem Gebiete der Schule und der officiellen Amtssprache mit wechselndem Erfolge gegen das Englische verteidigt hatte. Diesen schweren Kampf gegen zwei so einflufsreiche Gegner hat das Afrikanische nicht eben glücklich geführt. Die Unfähigkeit seines Führers du Toit kommt hinzu, jedenfalls zeigt die knappe Geschichte der Sprachbewegung und der Litteratur des Afrikanischen, die Meyer im letzten Capitel seiner Einleitung giebt, dafs nicht das Afrikanische, sondern das reine Niederländisch den Löwenanteil der grofsen Erfolge der südafrikanischen Niederdeutschen in den letzten 20 Jahren davongetragen hat. Mir für meinen Teil kommt dieser Mifserfolg des Afrikanischen nicht verwunderlich vor, ich bedaure ihn aber auch nicht. Sollte es den niederländifchen Elementen jemals gelingen, ein burifches Südafrika zu fchaffen, wird das Holländifche zunächft feine officielle Regierungsfprache werden müffen. Dafs die eigentliche Burenfprache daneben als allgemeine Verkehrsfprache der holländifchen und der farbigen Bewohner ruhig weiter beftehen würde, ift ebenfo ficher. Den praktifchen Wert ihrer Erlernung, wie fie Meyers Buch befördern will, fetze ich damit alfo nicht herab. Ein unbeftrittener endlicher Sieg der Engländer würde allerdings alles anders geftalten!

Göttingen. Conrad Borchling.

Dähnhardt, Oskar, Heimatklänge aus deutfchen Gauen I. Aus Marfch und Heide. Leipzig, B. G. Teubner 1901. XIX, 170 S geb. 2,60 M.

Eine Blumenlefe plattdeutfcher Gedichte und Profaftücke. Die Titelangabe »aus Marfch und Heide« ift ungenau, es find Schriftfteller aller plattdeutfchen Länder und Provinzen vertreten, alfo nicht blos folche von der Nordfeeküfte und dem Wald- und Heidegebiet. Die Auswahl hat der Verfaffer felbftändig getroffen. Der eng bemeffene äufsere Umfang des Buches, vereint mit dem Wunfche eine gröfsere Anzahl Proben zu geben, hat bewirkt, dafs kürzere Gedichte ufw. bevorzugt wurden. Das Buch ift geeignet, eine Anfchauung der neueren plattdeutfchen Dichtung zu vermitteln, erfüllt aber diefe Aufgabe nicht fo ausgiebig als das inhaltreichere Buch Regenhardts, Die deutfchen Mundarten (Bd. I, 2. Aufl. 1899).

W. S.

Stillfried, Felix, Biweg'lang. Ok en Strufs Läufchen un Rimels. 2. Aufl. Roftock, H Koch 1901. (172 S.). 2 M., geb 2,80 M.

ders. Hack un Plück. Gefchichten. ebd. 1901 (302 S.). 3 M., geb. 3,80 M.

Die Mundart fteht der Reuters nahe. Hack un Plück bietet neun mit Gefchick und in guter Sprache erzählte Gefchichten in Profa, Biweg'lang minder gut erzählte und fchlecht gereimte Läufchen, deren Sprache durch hochdeutfche und miffingfche Formen entftellt ift. W. S.

Notizen und Anzeigen.

Beitragszahlungen find an unfern Kaffenführer Herrn Joh. E. Rabe, Hamburg I, gr. Reichenftrafse 11, zu leiften.

Veränderungen der Adreffen find gefälligft dem genannten Herrn Kaffenführer zu melden.

Beiträge, welche fürs Jahrbuch beftimmt find, beliebe man die Verfaffer an das Mitglied des Redactions-Ausfchuffes, Prof. Dr. W. Seelmann, Charlottenburg, Peftalozziftrafse 103, einzufchicken.

Zufendungen fürs Korrefpondenzblatt bitten wir an Dr. C. Walther, Hamburg 3, Krayenkamp 9, zu richten.

Bemerkungen und Klagen, welche fich auf Verfand und Empfang des Korrefpondenzblattes beziehen, bittet der Vorftand direct der Expedition, »Diedrich Soltau's Verlag und Buchdruckerei« in Norden, Oftfriesland, zu übermachen.

Für den Inhalt verantwortlich: Dr. C. Walther in Hamburg.
Druck von Diedr. Soltau in Norden.

Ausgegeben: Januar 1902.

Jahrg. 1901. Hamburg. Heft XXII. № 5.

Korrefpondenzblatt

des Vereins für niederdeutfche Sprachforfchung.

I. Kundgebungen des Vorftandes.

1. Veränderungen im Mitgliederftande.

Der Verein betrauert den Tod feines Mitgliedes Herrn Prof. Dr. C. Pauli, Lugano.

Veränderte Adreffen der Herren

Landes-Oekonomierath Rabius, jetzt Northeim (Hannover).

Gymnafiallehrer F. Kirchhoff, jetzt Ilfeld am Harz.

Dr. ph. G. Baefecke, jetzt Marburg (Heffen).

Neueingetreten find die Herren

Dr. Hennemann, Wittenberge (Priegnitz).

Realfchullehrer E. Spehr, Roftock (Meklenburg)

und als Nachfolger des Wolfenbütteler Vereins für Gefchichte und Alterthumskunde:

das Herzogliche Landeshauptarchiv zu Wolfenbüttel.

2. Generalverfammlung zu Emden Pfingften 1902.

Der Vorftand giebt den geehrten Vereinsmitgliedern kund, dafs nach Befchlufs der Dortmunder Pfingftverfammlung 1901 die Generalverfammlung des Jahres 1902 um Pfingften zu Emden in Oftfriesland ftattfinden wird. Zugleich fpricht er die Bitte aus, die für diefe Zufammenkunft beabfichtigten Vorträge und Mittheilungen möglichft bald bei dem Vorfitzenden Geh. Rath Prof. Dr. Al. Reifferfcheid in Greifswald anmelden zu wollen.

II. Mitteilungen aus dem Mitgliederkreife.

Zur mittelniederdeutfchen Medicin (XXII, 49).

Herr Dr. v. Oefele hat in der letzten Nummer diefes Blattes nachdrücklich auf das fehr vernachläffigte Gebiet der mnd. Medicin hingewiefen und die niederdeutfchen Philologen zunächft einmal zur Herausgabe des nd. Gothaer Arzneibuches in feinem fyftematifchen Teile aufgefordert. Ich benutze die Gelegenheit, den umfaffenden Plan einer Ausgabe der wichtigften ſyſtematiſchen mnd. Arzneibücher des 14. und 15. Jahrhunderts, der zur Zeit dem Vorſtande des Vereins für niederdeutſche Sprachforſchung zur Begutachtung vorliegt, hier in kurzen Worten einem weiteren Kreiſe zu ſkizzieren.

Herr Dr. v. Oefele hätte neben K. Regels Arbeiten zu den mnd. Arzneibüchern W. H. Mielck und ſeine verdienſtvollen Studien auf dieſem Gebiete nicht vergeſſen dürfen zu nennen. Leider hat auch ihn ein frühzeitiger Tod dahingerafft, bevor er die von langer Hand vorbereitete Ausgabe mehrerer umfangreicher nd. Arzneibücher ernſtlich zum Abſchluſs bringen konnte. Keiner wäre wohl ſonſt wie er nach Abſtammung, Beruf und Neigung dazu befähigt geweſen, hätte wie er Sach- und Wortkunde für die ſchwierige Aufgabe in ſeiner Perſon vereinigt. In Mielcks Nachlaſs fanden ſich die vollſtändigen und mehrfach nachverglichenen Abſchriften dreier mnd. Arzneibücher vor, der groſsen Wolfenbüttler Handſchrift (Auguſt. 23. 3 in 4°), des Hannoverſchen und des Roſtocker Arzneibuchs. Mit der Edition dieſer drei Manuſcripte nach den Mielckſchen Abſchriften hatte mich der Verein für niederdeutſche Sprachforſchung bereits vor längerer Zeit beauftragt. Ich habe die Arbeit daran bisher nicht ſo fördern können, wie ich wohl gewollt hätte, weil meine Hauptarbeit, die Katalogiſierung der mnd. litterariſchen Handſchriften, zu viel Zeit in Anſpruch nahm, aber auch deshalb, weil ich mir erſt einen genauen Ueberblick über das geſamte vorhandene Material an mnd. mediciniſchen Handſchriften verſchaffen wollte. Jetzt, wo ich auch die Wolfenbüttler Bibliothek und ihre reichen nd. Schätze durchforſcht habe, überſehe ich wohl im Groſsen und Ganzen dieſes Material. Da ändert ſich denn aber die Aufgabe des Herausgebers der Mielckſchen Abſchriften in einem weſentlichen Punkte: Bei der Vergleichung aller mir bekannt gewordenen gröſseren ſyſtematiſchen mnd. Arzneibücher des 14. und 15. Jahrhunderts (es ſind im Ganzen 7—8 ſolcher Handſchriften) auf ihre Zuſammenſetzung hin ergiebt ſich nämlich das Reſultat, daſs von den drei von Mielck zur Ausgabe beſtimmten Arzneibüchern nur zwei einen ſelbſtändigen Wert beſitzen, während das dritte, die Roſtocker Handſchrift, mit dem Gothaer Arzneibuche und einigen anderen Handſchriften zuſammen nur ein einziges Werk (oder richtiger zwei mit einander verknüpfte Werke) repräſentiert.

Zu dieſer Gruppe des Gothaer Arzneibuches gehören folgende vier Handſchriften:

a) Die älteſte und wie es ſcheint die beſte iſt die Gothaer Handſchrift ſelbſt, der Regel beſonders ſeine Studien gewidmet hat. Nach Regels Zerlegung der Handſchrift (Progr. Gotha 1872, S. 1—6) kommen für unſere Aufgabe nur die erſten beiden Beſtandteile des Arzneibuches, die Dudeſche Arſtedie Bl. 7ᵃ—85ᵃ und die Practica Bartholomaei Bl. 85ᵃ—103ᵇ in Betracht.

b) Kopenhagen, Univerſitätsbibl., Mſcr. Arnamagn. 820 in 4°. Vgl. meinen 2. Reiſebericht (Göttingen 1900), S. 103—105.

c) Kopenhagen, Groſse Kgl. Bibl., Mſcr. Thott. 675 in 4°. Meine Beſchreibung, Bericht II S. 50—52, iſt dahin zu verbeſſern, daſs Stück 1 nur Prolog und Cap. 1 der Practica Bartholomaei enthält; in Wahrheit ſind Stück 1—3 die Dudeſche Arſtedie der Gothaer Handſchrift, und das 2. Arzneibuch in Stück 4 iſt die Practica Bartholomaei. Die Umſetzung des Bartholomaeus-Kopfes muſs ſchon in der Vorlage der Handſchrift ſtattgefunden haben.

d) Roſtocker Arzneibuch (vgl. Bericht II, 187 f.). Es enthält nur die Dudeſche Arſtedie.

Das Verhältnis dieſer vier Handſchriften zu einander iſt zu unterſuchen, und darauf eine kritiſche Ausgabe der Dudeſchen Arſtedie und der Practica Bartholomaei aufzubauen. —

Dieſer Gruppe treten alle übrigen Handſchriften als ſelbſtändige Arbeiten gegenüber, ſind alſo alle ungekürzt zu veröffentlichen. Es ſind das

1) Das Wolfenbüttler Arzneibuch, ein ſehr umfangreiches Werk.

2) Das Arzneibuch des Arnold Doneldey in Bremen von 1382, jetzt im Kgl. Staatsarchiv zu Hannover, Mſcr. A. A. 16 (vgl. Bericht I, Göttingen 1898, S. 235).

3) Das Utrechter Arzneibuch, abgedruckt von Gallée im Nd. Jahrb. 15 (1889) 105—149.

Eine Edition des geſamten Stoffes zerlegt ſich alſo von ſelbſt in zwei Teile oder Bände. Der erſte ſoll die ſelbſtändigen Werke umfaſſen, der zweite die Gruppe des Gothaer Arzneibuches. Jedem Bande ſoll ein ausführliches Gloſſar beigegeben werden, das vor allem den beſonderen Wortvorrat der medicinifchen Termini verzeichnet und ganz kurz zu erläutern ſucht. Daſs die ſelbſtändigen Werke vorangeſtellt werden, entſpringt dem Wunſche, die Mielckſchen Abſchriften zunächſt erſt einmal zu publicieren. Ein Wiederabdruck des Utrechter Arzneibuches wird nur dann notwendig werden, wenn die Collation der jungen Hamburger Handſchrift Mſcr. med. 858 in 4° (Ber. I, 142 f.), die u. a. auch auf pag. 73 ff. die gröſsere Hälfte des Utrechter Arzneibuchs in einer noch unbekannten Handſchrift enthält, weſentliche Ergebniſſe für den Text des Werkes haben ſollte. Sonſt würde der Benutzer des Gloſſars zum 1. Bande meiner Ausgabe, in dem der Wortſchatz des Utrechter Arzneibuches auf alle Fälle mitverzeichnet werden wird, auf den leicht zugänglichen Abdruck Gallées zurückgreifen müſſen.

Der beſonderen Schwierigkeiten, welche die Herausgabe der zumeiſt noch an Corruptelen reichen Handſchriften der mnd. Arzneibücher für mich als Philologen mit ſich bringt, bin ich mir wohl bewuſst. Um ſo glücklicher darf ich mich preiſen, in Herrn Dr. v. Oefele einen gelehrten Kenner der mittelalterlichen Medicin gefunden zu haben, der mir ſchon jetzt Rat und Hülfe für die Realien der Ausgabe mit gröſster Bereitwilligkeit angeboten und erwieſen hat.

Göttingen. Conrad Borchling.

Polka (XXII, 51).

Ofschoon de benaming »Polka-slachter« mij nooit is voorgekomen in mijne vaderstad Leeuwarden, noch elders in de Nederlanden, zoo was daar toch omstreeks het jaar 1848 en later de uitdrukking »Polka-haar«, voor eene bijzondere soort van haardracht, die toen sterk »in de mode« was, even zoo algemeen in gebruik als te Hamburg. In die jaren was het daar, in de hoofdstad van het Nederlandsche Friesland, wat »Polka« aangaat, juist zoo gesteld als, te boven aangehaalder plaatse, van Hamburg en Rostock gemeld wordt. Toenmaals kwam het daar voor het eerst in gebruik om soda (koolzure soda, carbonas sodae) bij de zeep in het waschwater te doen, waardoor het zoogenoemd »harde« water »zacht«

werd en beter schuimde, en waardoor de duurdere zeep werd uitgespaard. Die soda kreeg toen onmiddellijk bij het volk den naam van »polka-zeep« in het algemeene Nederlandsch, of »polka-sjiepe« in het bijzondere Friesch; en onder dien naam (ook wel enkel »polka«) is zo daar nog bekend.

Haarlem. Johan Winkler.

Flachsbau und Flachsbereitung.

Die Notizen über Flachsbereitung in XXII, Nr. 4, S. 55 veranlaſſen mich zu folgender Mitteilung, die ich deshalb für wichtig halte, weil hier ſeit einigen Jahren der Flachsbau völlig aufgehört hat. — Auf der hieſigen von mir erpachteten Domäne wurden nach Ausweis der Bücher von 1827 bis 1832 durchſchnittlich im Jahre 95 Morgen Flachs gebaut, zum kleineren Teil zur Verarbeitung auf eigene Rechnung des Pächters, zum gröſseren Teil als Deputat für Geſinde und Tagelöhner. Von 1890 bis 1894 war der Flachsbau (ausſchlieſslich Deputat) auf durchſchnittlich 10,3 Morgen beſchränkt und hörte dann allmälig ganz auf, indem die Leute anſtatt des Flachslandes mehr Kartoffelland erhielten. Die folgenden niederdeutſchen Ausdrücke, welche mit dem Bau und der Bereitung des Flachſes zuſammenhängen und die ich, ſoweit ſie mir nicht ſelbſt noch geläufig ſind, von zuverläſſigen älteren Leuten erfragt habe, werden daher in kurzer Zeit hier vergeſſen ſein.

Man unterſchied freuflass und spätflass. Erſteres — flass iſt auch hier Neutrum — wurde im April beſtellt, während für dat saien von spätflass der 15. Juni als Normaltag galt. Frühflachs brachte mehr Ertrag, vorausgeſetzt, daſs es gelang, des Unkrautes Herr zu werden. Beim Spätflachs-Beſtellen waren bereits viele Unkräuter aufgegangen und konnten durch die Ackergeräte vernichtet werden. Für den Domänenpächter bot Spätflachs den Vorteil, daſs die Beſtellung nicht mit der der anderen Sommerfrüchte zuſammen fiel. Etwa bis 1875 wurde hier Spät-, von da an Frühflachs gebaut.

Die Gröſse der jedem der Leute zuſtehenden flass-kabel (Flachsacker-Parzelle) wurde noch in den 60er Jahren nicht nach ruuen (Quadratruten), ſondern nach dem Einſaatquantum bemeſſen; der Mann bekam en scheppel (Scheffel) oder veerfaat (Vierfaſs = $^1/_4$ Scheffel) lien-saien (Leinſäen). Die Zuteilung geſchah in der Weiſe, daſs das Maſsgefäſs auf ein ausgebreitetes Laken geſtellt wurde, in welches der Landempfänger ſein saatlien (Saatlein) ſchüttete. Nachdem dann der Verwalter mit dem strickholt (Streichholz) das Gemäſs abgeſtrichen hatte, füllten die Säer die Saat in ihre umgehängten saatlaken und beſtimmten die nötige Fläche nach der Schrittzahl. Der hergerichtete Acker war vorher durch parallele Furchen mit genau abgemeſſenem gleichen Abſtande in Streifen von gleicher Breite geteilt. Der erſte Säer ſchritt dann längs der Furche die nötige Länge der Kabel ab. Später wurden die Kabeln nach Bodenfläche zugemeſſen, wobei auf ein Vierfaſs 30 Quadratruten kamen. Die Grenze jeder Kabel, welche nach 2 Seiten durch die Furchen beſtimmt war, wurde nach den 2 anderen Seiten durch frielen (auch freilen geſprochen) bezeichnet, womit man das von dem Landempfänger vollzogene Pflanzen einer Reihe von Bohnen- oder Erbſenhörſten in etwa fuſsbreiten Abſtänden benannte, die nach dem Aufgange als Grenzmerkmal für die Kabel dienten.

Die Reihenfolge der Flachslandempfänger war durch Obfervanz ftreng vorgefchrieben: fie begann mit dem älteften homester (Hofmeifter) und endete mit der jüngften Tagelöhner-Wittwe.

Wenn die Flachspflänzchen etwa fingerlang waren, erfolgte das weien (Jäten). — Kurz vor der Reife holte die Frau des Landempfängers meift eine flassprauwe — das w wurde meift nicht ausgefprochen — (Flachsprobe), um fie auf Länge und Qualität zu prüfen.

Nach dem flasstrecken (Aufziehen des Flachfes) wurde der Flachs, in Seile gebunden, den Leuten vor die Wohnungen gefahren und hier durch reppeln (Abkämmen) von den knutten (Knoten, Samenkapfeln) befreit. Der einzelne eiferne Kamm hiefs reppelbusch; deren waren mehrere auf einem reppelboom (hölzernen Balken) befeftigt; oder auch auf einem alten Wagenrade, das man auf ein Wafchfafs legte und mit grofsen Steinen befchwerte. Der gereppelte Flachs wurde nun in einfaches Stroh in bötchen (kleine Bunde) gebunden und deren 10 zufammen in ein geknüpftes Strohfeil.

Die knutten wurden auf Laken an der Sonne getrocknet; dann erfolgte das knutten-döschen (Knotendrefchen) mit der fläre (dem Flegel), meift im Freien, und das knutten-wörpen (Knotenwurfen) zum Reinigen des Leinfamens vom knutten-kaaf (Knotenkaff, leeren Samenkapfeln). Als fcherzhafte Sprechübung ift hier in Gebrauch: »use kau kaut knutten-kaaf, knutten-kaaf kaut use kau« (Unfere Kuh kaut etc.)

Die Flachsbunde wurden nach der flass-rote, dem rote-graben (Flachsrotte, Rottegraben) gefahren und, mit Steinen befchwert, ins Waffer gelegt. Nachdem der Flachs genügend gerottet war, erfolgte dat utwaschen (Auswafchen) der einzelnen bötchen und fodann das opstuken (Aufftauchen) derfelben auf einem dazu ungepflügt liegen gelaffenen benachbarten Stoppelfelde. Die stuken wurden dadurch gebildet, dafs die Strohbände der bötchen an das obere Ende gezogen und der Flachs, mit den Wurzelenden nach unten, kegelförmig ausgebreitet wurde.

Der genügend getrocknete Flachs wurde nun in Bunden bis zum nächften Frühjahr auf dem Stallboden aufbewahrt. An warmen Tagen erfolgte dann das sunnen (Sonnen, dünnes Anlehnen der aufgelöften Bunde an eine Südwand). Nun folgte das bönen des Flachfes mit dem böneböttel auf dem bönestein (Klopfen mit einem cylindrifchen, unten mit Stiel verfehenen hölzernen Schlägel auf einem grofsen glatten Steine). Der böneböttel diente in feinen Mufseftunden den kleinen Mädchen oft nach Umwickeln einiger Lumpen als Puppe.

Jetzt kam nach nochmaligem sunnen das braken des Flachfes auf der brake (hölzernes Brechholz, deffen Konftruktion ich als bekannt vorausfetze), wodurch der zähe nutzbare Baft der Pflanze von den fpröden, zerbrechenden Holz- und Epidermisteilen gelöft wurde, welche z. Tl. unter der brake als scheewe zu Boden fielen, z. Tl. nachher durch heckeln auf der hack-heckel als hack (mit scheewe vermifchte grobe Heede) ausgefchieden wurde. Nun folgte das kauen des Flachfes auf der kaue, einer feineren brake mit ftählernen, anftatt hölzernen Leiften, hierauf das heckeln auf der middel-heckel und nach nochmaligem kauen das heckeln auf der fienen heckel (feinen Hechel), wodurch die letzte Heede (hee) entfernt wurde. Nach dem zweiten kauen wurde der Flachs oft noch — nicht immer — mit dem swingeholt (einem flachen Brettchen mit Stiel) auf der swinge (einem aufrecht ſtehenden Brette mit ſcharfer Oberkante) ſchlagend bearbeitet. — Schon nach dem braken wurde der Flachs in kleine, bequem mit der Hand zu haltende Portionen, risten, geteilt und deren 10 zu einer bucke zuſammengedreht. Nach jeder der folgenden Operationen bis zur Feinhechel geſchah dies wieder, und dann wurden 30 bucken zu einem Bunde vereinigt und bis zum Spinnen aufbewahrt.

Um aus einer bucke eine diesse (die auf dem Spinnrad, wocken, befeſtigte Portion Flachs) zu machen, wurde ein Ende der bucke hinter das Schürzenqueder geſteckt, dann auf dem Schoſse dünn und gleichmäſsig ausgebreitet (diesse-breien), um das öberwöckel (Stock oben am wocken) gewickelt und in der Mitte mit dem wockenblad (einem mit Malerei und Sprüchen verſehenen Pappstreiſen) durch ein darum gewickeltes Seidenband, am oberen Ende mit dem lüttgen wockenblad (kleinem Wockenblatt) in gleicher Weiſe befeſtigt. — Unter der diesse befand ſich an dem öberwöckel ein in der Mitte durchbohrtes kleines Blechgefäſs, dat stippeding, welches mit Waſſer zum Befeuchten der Finger beim Spinnen gefüllt wurde. Am wocken bezeichnete man das ſchmale Hölzchen, welches das Trittbrett mit der Radkurbel verbindet, als wocken-knecht; das rad trieb durch den radsnauer (die Radſchnur) die rulle (Rolle), welche ſich um die spille (Spindel) dreht.

Wenn einer Spinnerin der Faden riſs, ſo pflegte ihr ein etwa gegenwärtiger Burſche die diesse fortzunehmen, die ſie mit einem Kuſſe wieder einlöſen muſste.

Folgendes Märchen von der heckel erzählte mir meine 1790 zu Helmſtedt geborene Groſsmutter, das ſie in ihrer Jugend gehört hatte:

Eine Fee kam zu einem armen ländlichen Ehepaar und verſprach ihm, drei Wünſche ſofort zu erfüllen. Die Frau wünſchte ſich ſofort »ne rechte fiene heckel.« Der Mann rief, ſich über dieſen zu beſcheidenen Wunſch ärgernd, als die Hechel erſchienen war: »ek wolle, dat dek diene heckel vorm' arse seite.« Sofort drang die Hechel der Frau in dieſen Körperteil, und es blieb nun als dritter Wunſch nur übrig, ſie davon zu befreien.

Schlanſtedt, Kreis Oſchersleben. W. Rimpau.

Apollo Grannus.

In einer Reihe von Inſchriften aus Süddeutſchland, auch Rheinland finden ſich Widmungen: Apollini Granno (et Sironae). F. Sander, La Mythologie du Nord s. 62 f. weiſt mit Recht auf ahd. grana, Schnurrbart, got. grana, ſpaniſch greña, verworrenes Haupthaar hin und bringt Aquisgrani, Aachen damit in Verbindung. Wenn er aber dann dieſen bärtigen und haarigen Apoll als eine Transſcription von Balder erklärt, ſo ſcheint es eine einfachere Erklärung zu geben: In einer Urkunde von 1067 aus Flandern bei Aubertus Miraeus, Opera dipl. s. 511 heiſst es »et salinas in Seintouis, quas Grenos vocant, si redactae in terram cultibilem ex benificio maris accreverint.« Die greni ſind hier doch wohl urſprünglich Dorngeſtrüpp, welches zur Gewinnung des Seeſalzes verwendet wurde. Lautlich identiſch ſcheint nl. green, greneboom, meklenburg. gräne (vgl. Kbl. 17, 69), Fichte, Kiefer. Auch in alten ndd. Ortsnamen kommt dies gran, gren nicht ſelten vor. Apollo wird alſo wohl hier in Beziehung zu Bädern mit Einrichtungen ähnlich unſern Gradierwerken geſetzt ſein.

Osnabrück. H. Jellinghaus.

Horenfeggen (XXII, 19, 6).

In Tunnicius' Sprichwörterfammlung, herausg. von Hoffmann von Fallersleben 1870, wird S. 53, Nr. 519 'Hören feggen is half gelogen' von Tunnicius überfetzt: aufcultata fereus folum mentitur aperte, und S. 88, Nr. 1079 heifst es: 'An horenfeggen lücht men vele to'. Beide Stellen fehlen im mnd. Wtb. Hiernach kann kein Zweifel mehr an der Bedeutung von horenfeggen fein. Meine frühere Erklärung nehme ich zurück.

Blankenburg a. H. Ed. Damköhler.

In den rofen fitten.

Der Chronift Hermann Korner berichtet, Herzog Heinrich von Braunfchweig-Lüneburg fei, nachdem Graf Adolf IX. von Schaumburg über die Dänen 1410 Auguft 12 bei Eggebeck auf der Sollerupper Haide gefiegt hatte, von der Königin Margaretha durch Geld bewogen worden, die Sache der Kinder Herzog Gerhards von Schleswig aufzugeben und heimzukehren. In der deutfchen Bearbeitung heifst es: »Alfo toch hertich Hinrik van dar unde leet de kindere in den rofen fitten«. Wie erklärt fich diefer Ausdruck? Doch wohl in ironifchem Sinne?

Roftock. K. Koppmann.

Zu den Lübeker Faftnachtfpielen. (Vgl. Ndd. Jb. VI, 1 ff. u. XXVII, 1 ff.)

In dem Titel des im Jahre 1430 aufgeführten Stückes: Do der godynnen de sparwer gegeven wart vermutet Walther Jb. 6, 31 mit Recht eine Verderbnis, da keine antike Mythe noch mittelalterliche Sage vorhanden ift, in der einer Göttin ein Sperber zuteil ward. Er vermutet, dafs ftatt »godynnen« »magedynnen« zu lefen ift und vermutet, dafs das Spiel eine dramatifche Bearbeitung der von Berthold von Holle bearbeiteten Gefchichte von Demantin und Sirgamote gewefen fei. Nun findet fich aber unter den kleinen mhd. Erzählungen, die v. d. Hagen als »Gefammtabenteuer« *) herausgegeben hat, im 2. Bd. als Nro. XXII, unter dem Titel »Der Sperwære«, ein Schwank, deffen Stoff mir zur dramatifchen Verwertung in einem Faftnachtfpiel wohl geeignet fcheint. Der Inhalt ift nach v. d. Hagen folgender:

»In einem ftattlichen Frauenklofter wetteiferten Alte und Junge im Gottesdienft, und waren aufserdem nie müfsig, fondern webten und wirkten, zeichneten und fchrieben. Kein Mann durfte das Klofter betreten, und nur die Nonnen im Amte kamen herfür: die jungen unerfahrenen blieben ftets drinnen, und die Schulmeifterin lehrte fie fingen und lefen, fprechen und gehen, und im Chore ftehen und fich verneigen, dem Orden gemäfs. Unter ihnen war ein fo fchönes Jungfräulein, dafs fie untadelich erfchien, und ihr durchaus nichts gebrach, als dafs fie gar nichts von der Welt aufserhalb des Klofters kannte, in welchem fie fchon 15 Jahre gelebt hatte. In diefer klöfterlichen Einfalt ftand fie einft an der Ringmauer des Klofters, unweit der Thüre an der Landftrafse. Da kam ein Ritter daher, zu Roffe, einen Sperber auf der Hand. Sie grüfste ihn und fragte, ob er das Vöglein weit her führe; und als er verneinte, fand fie es wunderfchön; es finge gewifs auch füfs, und die Frau, der er es bringe, müffe ihm immer hold

*) Eigentl. Gefammt Abenteuer d. i. »Gefammelte Abenteuer«.

fein. Der Ritter, ihre gute Einfalt erkennend, fagte, es fei ein Sperber und ihm wohl feil. Die Jungfrau beklagte, dafs fie kein Geld habe; jedoch wolle fie gern fonft etwas dafür geben. Da erbot ihn der Ritter für ihre Minne. Diefe war ihr unbekannt: fie habe in ihrem Schrein nur zwei Bilder, drei Nadeln, eine Scheere, zwei neue Haarbänder, ihr feiertäglich Gewand und ihren Pfalter; darunter gebe fie ihm die Wahl. Der Ritter beftand jedoch auf ihre Minne, die er bald bei ihr finden würde. Sie wollte ihn gern fuchen laffen. Er hub fie von der Mauer, führte fie in einen Baumgarten, band das Rofs und den Sperber an einen Aft, fafs mit der Schönen in den Klee und fand bald die Minne, zu beider Freuden, fo dafs fie fich nicht durch Kargheit verfünden wollte, fondern ihn aufforderte, fich nach Herzensluft bezahlt zu machen. Darnach hob er fie wieder auf die Mauer, und ritt weg. Das Fräulein ging fröhlich mit dem Sperber zu ihrer Lehrmeifterin, erzählte ihr den wohlfeilen Handel und beklagte, dafs das Klofter keinen folchen Minnefucher habe, für den fie alle ihre Pfründe hergeben follten. Die Alte fchalt fie, dafs fie ein Weib geworden, raufte und fchlug fie zwier zu Boden, fo dafs fie faft todt lag. Die Junge gedachte es wieder gut zu machen, und wartete frühmorgens heimlich auf der Mauer, bis der Ritter wiederkam. Sogleich forderte fie ihre Minne und Magdtum für den Sperber zurück. Der Ritter war bereit; er that ihr abermals, wie zuvor, und fie hielt genau darauf, dafs er ihr die Minne fo dreifach wiedergab, wie er fie genommen. Dann eilte fie vergnügt zur alten Nonne, verkündigte ihr den glücklichen Taufch und rühmte den ehrlichen Mann, der dem Klofter fehr zu wünfchen wäre. Die Alte rügte die überfchwängliche Einfalt der Jungen, die das Uebel ärger gemacht; warf fich felber jedoch vor, dafs fie fich nicht beffer vorgefehen hatte, und liefs ihren Zorn über das Unwiederbringliche.«

Die Beliebtheit diefes Stoffes durch mehrere Jahrhunderte bekunden nach v. d. Hagen a. a. O. S. VI acht Handfchriften des Gedichtes und eine niederrheinifche Umfchreibung. Dafs er auch dem Lübecker Faftnachtfpiele von 1430 zu Grunde gelegen habe, dürfen wir vermuten, wenn wir annehmen, dafs der Titel urfprünglich gelautet hat: »Wo der baghynen de fparwer gegeven wart; Wie der Begine der Sperber gegeben wurde.« Die Entftellung von »baghynen« in »godynnen« fcheint mir glaublicher, als dafs der Schreiber das häufige magedynen nicht richtig gelefen haben follte; dafs aber ftatt des überlieferten »Do« »Wo« zu lefen ift, lehren die Titel der Stücke von 1447, 1456—59, 1475, 1477 und 1500.

Auch in Bezug auf das 1433 aufgeführte Stück, deffen Titel nach der Angabe im Ndd. Jb. Bd. 6, S. 3 »de krake« lautete, möchte ich eine Vermutung ausfprechen. Ebd. Bd. 27, S. 7 bemerkt Walther: »Nachdem der Schreiber die Faftnachtdichter diefes Jahres genannt hat, wiederholt er den Titel, aber als de kraucke. Bei der Gleichheit der Buchftaben u und n in mittelalterlicher Schrift läfst fich ebenfowohl de krancke lefen.« Ich teile durchaus die Vermutung Walthers, dafs der Schreiber an erfter Stelle de kräke, d. i. de kranke, in feiner Vorlage fand, möchte aber diefen Titel anders deuten. Krancke, Kránke ift noch jetzt hier die übliche Bezeichnung für den Kranich (Ardea grus L., Grus cinerea Bechft.)*),

*) S. Schambach, Götting.-Grubenhag. Wb. S. 110.

die gewifs früher weiter verbreitet gewefen ift. Danach könnte das Spiel von 1433 einen ähnlichen Stoff behandelt haben wie das von 1430. V. d. Hagen Bd. 2 S. VI berichtet von einem altfranzöfifchen Gedicht De la Grue, vom Kranich, deffen Inhalt er in kurzem folgendermafsen angibt: »Ein Burgherr hat feine fchöne Tochter zur Sicherung ihrer Ehre mit ihrer Amme in einen Turm verfperrt. Während diefe einen Löffel holt und die Thür offen läfst, kommt ein Knappe mit einem durch einen Sperber gebaizten Kranich. Nach dem erften Schaden geht die Amme abermals weg und holt ein Meffer, den gerupften Kranich zu bereiten, und nach dem rückgängigen Handel nimmt ihn der Knappe wieder mit fich weg.« Diefe kurze Inhaltsangabe v. d. Hagens, der fich auf Barbazan-Méon X, 250 beruft, erlaubt allerdings kein vollkommenes Urteil über den Stoff, deffen weiterer Verbreitung nachzuforfchen, ich einem Kundigeren überlaffen mufs.

Northeim, im Dezember 1901. R. Sprenger.

Noch einmal buchten (XXII, 20/21 und 39/42).

Walthers Ausführungen haben mich von der Richtigkeit feiner Erklärung der betr. Stelle im Koker nicht überzeugt; andrerfeits ift es mir inzwifchen gelungen, noch mundartliches Material aufzufinden, das für die von mir gegebene Deutung zu fprechen fcheint. In meiner Ueberfetzung 'Häufig wird (dasjenige) mit der Hand be- oder erfafst, was man damit (mit der Hand) biegen will' kann Walther keinen allgemeinen Erfahrungsfatz erkennen, weil manches gleich beim erften Griff gebogen werde. Nun find allerdings die meiften Sentenzen im Koker von fo unanfechtbarer Richtigkeit wie die: »Were eynem perde eyn voeth ave, So möste dat ghan up dren benen« S. 309, aber es finden fich auch nicht wenige, die zwar im allgemeinen richtig find, aber doch Ausnahmen zulaffen, fo S. 306: We flytygen worna rynget, De kryght des wol eyn grot stücke. S. 309: We in den huse alle wynkel besocht, De vynt broken pötte un olde schoe. S. 314: Wat oldynges eyne gude wyse is gewest, Dat düncket nu den yungen övel laten u. a. m. Zudem entfpricht, wie fich noch zeigen wird, buchten in den heutigen Mundarten keineswegs fchlechtweg hd. biegen, nd. bögen; in keinem der Fälle, in denen in der Cattenftedter Mundart buchten vorkommt, würde man dafür bögen (bên) fagen können.

Wenn Walther ferner meint, man hätte erwartet: »vele wardt vaken begreppen« etc., 'vieles wird häufig erfafst', fo wird dadurch der Begriff 'vieles' in die Sentenz hineingelegt, der eben nicht darin liegt und m. E. auch störend ift. Dafs vele als Adverb unrichtig von begreppen getrennt wäre, kann ich nicht zugeben; es fteht an betonter Stelle, gerade wie S. 317 betontes vaken im Anfange des Satzes und vom Verb getrennt fteht: Vaken eyn dem andern drauwet. Warum foll nicht auch fynon. vele fo geftellt werden dürfen? In der Bedeutung 'häufig', meint Walther weiter, laffe fich vele aus dem Sprachgebrauch des Kokers nicht rechtfertigen, weil es im Sinne von 'oft, häufig' meift in Verbindung mit vaken oder dicke, oder im Vorderfatze gern vele, im Nachfatze ein Synonym gebraucht werde. Urfprünglich find vele und vaken der Bedeutung nach verfchieden, vaken ift iterativ, vele quantitativ; letzteres geht aber naturgemäfs öfter in die Bedeutung des ersteren über. Ist vele in unserer Stelle Adverb, so kann es bei begripen nur iterativ sein. Die meisten Sentenzen im Koker stammen wohl aus dem Volksmunde, manche von ihnen sind heute noch im Volke üblich, so die S. 318: De wynt weyet wol sandbarghe tohope, Sunder nickt (l. nicht) twe vette erse, welche in Cattenstedt lautet: de wint weijet wol dikke schneiweltern, âwer keine dikken ârschbakken, d. h. von nichts kommt nichts; oder S. 314: Alle dat de Su rodet un ummeweulet, Dat moten öre varcken entgelden, eine Sentenz, die übrigens auch nicht immer zutrifft; oder S. 313: De da myt wülffen is vorladen, De moed myt öne ane twyvel hulen. Die allitterierende Verbindung vaken und vele wird der Dichter schon im Volksmunde vorgefunden haben, sie hat übrigens meist ihre ursprüngliche Bedeutung bewahrt wie S. 306 [nicht 630]: De vaken un vele wyl drynecken, De moth vaken netten den thun. Diese Sentenz ist nicht mehr zutreffend, sobald vaken oder vele fehlt, sie pafst nicht auf den, der oft, aber wenig; oder der viel auf einmal, aber selten trinkt. Von Sprachgebrauch kann man hier wohl nicht reden, die Worte sind durch den Gedanken bedingt. Ebenso S. 324: Vele wenen un vaken suchten, Dat maket eyn unfrölych harte. S. 360: De leth syck vaken un vele beschauwen. S. 367: Doren de syck sülven wanken, De doen dycke un vaken schaden u. s. w. Noch heute lassen im Volksmunde derartige allitterierende Verbindungen ihre ursprüngliche Bedeutung erkennen.

Wenn nun auch im Koker einem vele im Vordersatze oft ein Synonym im Nachsatze folgt, so kann ich auch darin keinen bestimmten Sprachgebrauch des Dichters erkennen, das hängt nicht von dessen Belieben, sondern vom Sinne der Sentenz ab, wie Walther selbst richtig erkannt hat, wenn er sagt: »Wo vele allein steht, reicht man mit den Bedeutungen 'viel' oder 'sehr' aus«, und, setze ich hinzu, wo es nicht allein steht, reicht es meist nicht allein aus. Wenn z. B. die Redensart vêl wint vêl krich in zwei vollständigen Sätzen ausgedrückt würde, so würde ein vêl nicht genügen, ebenso wenig in der Sentenz wër vêl frit, dë vêl schit. Ein Beispiel mit vaken kann ich nicht anführen, weil dieses Wort in der Cattenstedter Mundart und auf dem ganzen nd. Harze fehlt. Die beiden Synonyme fand der Dichter wahrscheinlich schon in der Volkssprache vor. Ob an unserer Stelle vele quantitativ oder iterativ steht, macht wenig aus, auf den Ausdruck ‚häufig' steife ich mich nicht, es kommt darauf an, dafs vele Adverb ist. Dafs es als solches nicht oft im Satzanfange steht, ist natürlich, doch kommt es, wenn es stärker betont ist, im Volksmunde nicht selten im Anfange des Satzes vor.

Die von Walther behandelte Spracheigentümlichkeit ist nicht auf den Koker beschränkt, sie findet sich auch in Tunnicius' Sprichwörtersammlung, herausgegeben von Hoffmann von Fallersleben 1870, die auch einige Sentenzen enthält, die sich im Koker finden. Wiederholung desselben Wortes oder eines Synonyms zeigen die Sprichwörter Nr. 300: De vele lûsteren of runen, de leigen vake. Nr. 821: Mit velen steit he ovel, de alle tyt gërne kift. Nr. 1059: De grot sprikt unde vele sik vormit, maket vake kyf. Nr. 46: De vele kleder heft, de tût vele an. Nr. 321: De vele eier heft, de maket vele doppe. Nr. 1026:

Vele gerichte maken velt etens. Auch andere Worte werden wiederholt. Nr. 328: De wol doet, de sal wol vinden. Nr. 654: Bolde gewunnen is bolde vorloren. Nr. 922: Quât ei, quât kåken. Statt vaken könnte auch vele ſtehen in Nr. 1053: Harnasch, bôker unde wyve sal men vake bruken. Umgekehrt vaken ſtatt vele in Nr. 732: Dem einen behaget de stille, dem anderen de vele röpt. Von Sprachgebrauch einer einzelnen Perſon in dieſen ſprichwörtlichen Redensarten kann natürlich nicht die Rede ſein.

Daſs buchten aus bucht abgeleitet iſt, macht inbuchten ſehr wahrſcheinlich, das ſicher von dieſem Subſtantiv gebildet iſt, welches ſeinerſeits zu biegen gehört. Ueber die Bedeutung des Subſtantivs geben die nd. Wtb. folgendes an.

Mnd. Wtb. VI, 88: bucht, ein eingefriedigter Raum, Pferch. ſeptum, bocht. Dief.: ſeptum, een loke, een biuane, een bocht. Hor. belg. 7, 19; bucht, bocht, insluiting, omperking. Oudem. — To enge my selfs is disse bucht. Aeſop (v. Hoffm. v. F.) S. 80.

Richey: bucht, Biege, Krümme.

Dähnert: bucht, Biegung, Krümmung. Ein befriedigter Raum auf den Höfen für Vieh. Swin-Bucht.

Schütze: boog, bugt, Biege oder Richtung und Umwendung des Schiffes im Segeln des Ufers [lies: Segeln, (Biege) des Ufers. C. W.].

Danneil: bucht. ein befriedigter Raum, beſonders um Weidevieh hineinzujagen. to Bucht driw'n, eigentlich das Vieh in die Bucht treiben: figürlich: zu Paaren treiben. Tüffelbucht, Kôlbucht ſind umzäunte Ackerräume zum Anpflanzen von Kartoffeln und Kohl.

Mi: bucht, Umzäunung, in de Bucht springen, aushelfen.

ten Doornkaat Koolman: bugt, bucht, Bucht, Biegung, Krümmung, Einbiegung, Buſen etc.

Hertel, Thüringer Sprachſchatz: bucht, 1. Muſikantenbucht = Orcheſter. 2. kleiner Verſchlag in Ställen, enge Wohnung, Schäferhütte.

In Weſterhauſen zwiſchen Blankenburg und Quedlinburg bedeutet bucht ein altes baufälliges, windſchiefes Haus.

Aus Lentner, Taſchenbüchlein der Forſtſprache 1833 führe ich noch an: Bucht heiſst der runde Zwiſchenraum der Einſchnitte an den Blättern der Eichen u. a. Bäume. Buchtenhölzer werden bogenförmig gewachſene Hölzer genannt, die beim Schiffbaue gebraucht werden.

Das Subſtantiv bucht iſt alſo weit verbreitet, ein Verb buchten kennen die angeführten Wtb. nicht, kommt aber in der Braunſchweiger Gegend und vermutlich auch anderwärts noch vor. In Cattenſtedt und Umgegend bedeutet sek buchten nicht ſchlechtweg 'ſich biegen', ſondern 'infolge anhaltenden oder wiederholten Druckes ſich allmählich biegen, nachgeben' und wird von ſolchen Gegenſtänden gebraucht, die ſich überhaupt nicht oder nur mit Mühe von menſchlicher Hand biegen laſſen, wie Balken, Bäume, ſtarke Aeſte und alte baufällige, windſchiefe Häuſer. Schon hieraus lieſse ſich ein mnd. tranſitives buchten mit der Bedeutung 'allmählich und vorſichtig biegen' vermuten. Um Schöppenſtedt kommt nach Mitteilung meines Kollegen Borrmann buchten heute tranſitiv vor, z. B. dêne will'k ſchôn buchten. Auch in intranſitiver Bedeutung kann ich es jetzt mehrfach belegen. In Braunſchweig ſagt man, wie mein Kollege

Demuth, ein Braunschweiger, mir mitteilt: dë kleine bunt buchtet nich vör den gröten; dieselbe Wendung ist mir auch für Lochtum am Nordrande des Harzes angegeben. buchten bedeutet hier 'weichen, nachgeben'. Um Schöppenstedt sagt man von einem Baume, den man ausroden will und dem man die Wurzeln schon zum Teil abgehauen hat, der aber noch fest steht, sich noch nicht zur Seite biegt, 'hei buchtet noch nicht'. Hier steht das Wort in demselben Sinne wie im Koker S. 365: beter is de rode de dar bucht, wen de rode de dar bryckt un knycket. Daher glaube ich auch, dass an dieser Stelle bucht für buchtet steht und nicht von bûgen herkommt, wie Walther annimmt. Dass von diesem bucht ein buchten hätte gebildet werden können, halte ich für ausgeschlossen. Uebrigens scheinen mnd. bugen und bogen nur mundartlich verschieden zu sein; im mnd. Wtb. s. v. bogen werden aus der Münst. Chr. die Beispiele angeführt: so heft der koningk in den schnoir geboicht dicke penninge und Joachims dalers, und: dat beste silver, dat heft der koningk in die seiden schnoir gebueget.

Da buchten heute noch reflexiv, transitiv und intransitiv gerade im Braunschweigischen vorkommt, so ist es mir durchaus wahrscheinlich, dass auch buchten im Koker dasselbe Wort ist. Es ist von bucht abgeleitet wie auch das in Blankenburg noch bekannte inbuchten, d. h. Schafe in eine bucht, einen Abschlag, bringen. Wenn man nämlich, wie das vor 50—60 Jahren in Blankenburg noch üblich war, die Schafe melken wollte, so machte man im Stalle einen länglichen, schmalen Abschlag, nicht breiter als dass etwa vier Mann nebeneinander sitzen und melken konnten. Man nannte das ne bucht schlân. Wie alt die Sitte ist, Schafe zu melken und einzubuchten, weiss ich nicht, wird aber schwerlich jung sein. In Robert Motherby's Taschen-Wörterbuch des Schottischen Dialekts, 1828, das zum bessern Verständnis der Werke Scott's, Burns' u. a. dienen soll, findet sich 'bught, bucht, Einzäunung, in welcher die Schaafe gemelkt werden; eine Biegung, Schlinge in einem Tau' und 'buchtin-time, die Zeit wenn die Schaafe zum Melken in die Verzäunung gebracht werden'. buchtin ist vermutlich Ptc. Praes., und damit wäre auch für das Schottische, das so viele nd. Worte enthält, unser Verb belegt. Ist es auch hier eine Neubildung? Wenn ein Wort auch erst spät in der Schriftsprache erscheint, so kann es trotzdem schon lange vorher im Volke in Gebrauch gewesen sein. Wunderbar wäre es, wenn in der schottischen und niederdeutschen Sprache, die seit Jahrhunderten in keinerlei Beziehung zu einander getreten sind, zu ungefähr derselben Zeit dieselbe Neubildung erfolgt sein sollte.

Wenn buchten im Koker 'prahlen' bedeuten soll, dann ist bei begripen der Zusatz myt der handt überflüssig und entbehrt sogar des nötigen Gegensatzes; die Bedeutung 'biegen' dagegen macht ihn nötig, weil Gegenstände auch anders als mit der Hand gebogen werden können. Für mnd. buchter, Prahler, ist, wie Walther wohl richtig vermutet, anderer Zusammenhang anzunehmen.

Blankenburg a. H. Ed. Damköhler.

Dönken.

Gelegentlich eines unlängst (28. November 1901, s. ausf. Bericht Mekl. Ztg. Nr. 559) in Schwerin gemachten sehr dankenswerten Versuchs, durch mecklenburgiſche »Dönkenabende« in weiteren Kreiſen wieder Zuneigung zu plattdeutſcher Dichtung, beſonders auch plattdeutſchem geſungenen Liede zu erwerben, hielt der Oberlehrer Dr. Hamann-Schwerin einen einleitenden Vortrag, in dem er zum Eingang auch eine Erklärung des Wortes »Dönken« gab; es ſei ein Diminutiv von Ton und bedeute mithin ein kleines Lied. Eine kurz vorher auf eine Briefkaſtenanfrage der Mekl. Zeitung eingegangene gleichlautende Erklärung dürfte auf denſelben Urheber zurückgehen. So ſehr ich mich des neuen Unternehmens gefreut habe, ſo wenig bin ich imſtande, dieſe Erklärung als richtig annehmen zu können. Wol kennt Schiller-Lübben Bd. I, 539 ein »Don«*), aber nur im Sinne »Weiſe, Melodie«, was doch noch nicht ohne weiteres auf den Inhalt des Liedes zu übertragen iſt. In der Bedeutung »Liedchen« iſt das Wort Dönken mir aber auch aus neuerer Zeit weder in der Literatur noch im Volksmunde begegnet. Meines Erachtens iſt Dönken, hamb.-holſteiniſch Döntje (auch hochdeutſch Doenchen kommt vor) Diminutiv des Infinitivs 'dôn', 'dônt', der, wie Schiller-Lübben VI, Nachträge S. 103 erweiſt, auch ſubſtantiviſch gebraucht wird; »döntken«, »doenken« iſt ein kleines Geſchehnis, eine kleine Geſchichte. Richtig erklärt daher Mi (= Sibeth) in ſeinem Wörterbuch der mekl.-vorpomm. Mundart 1876: dönken = Hiſtörchen. Genau ebenſo John Brinckman**) im Gloſſar zu ſeinem Dönkenbook Vagel Grip; die von ihm an zweiter Stelle beigeſetzte Bedeutung »kleines Lied« dürfte wol erſt von ihm übertragen, nicht aber dem Volksmunde entnommen ſein. Uebrigens ſchrieb auch Piening 1866 »dat Hamborger Döontjenbook (ſo Seelmann Jahrb. XXII, 98; anderswo leſe ich »Dööntjenbook« angeführt), ich weiſs aber nicht, ob in Poeſie oder Proſa, erſteres nach Art der Piening'ſchen Muſe wol wahrſcheinlicher. (S. a. a. O. auch unter Scheller u. a.)

Zernin bei Warnow i. M. Fr. Bachmann.

Prieche (XXI, 74. 86. XXII, 18. 59).

a. Bei der Lectüre der letzten Mittheilung über Prieche habe ich gerade die Herzogl. Lauenburgiſchen Acten zur Hand, die ſich auf den Herzogl. Lauenburgiſchen Kirchenſtuhl in der Ratzeburger Domkirche beziehen. In ihnen, die mit 1589 beginnen, findet ſich der Ausdruck Prieche zum erſten Male in einer Regiſtratur d. d. Ratzeburg 25. 2. 1731, handelnd von der Baufälligkeit des Fürstl. Sachſen-Lauenburgiſchen Kirchenſtuhls in der Fürſtl. Meklenburgiſchen Domkirche »in einer mit Fenſtern verſehenen Emporkirche oder Prieche« beſtehend.

Schleswig. Hille.

b. Zu dem Worte prieche bemerke ich, daſs es auch aus Eiderſtedt nachzuweiſen iſt. In der ungedruckten Eiderſtedtiſchen Chronik des Jon

*) Ein Teil der Belegſtellen fällt übrigens wol beſſer unter don = thun, z. B. die aus dem Sündenfall und dem Schackſpel.

**) Nicht Brinckmann, wie Korr.-Bl. XXI Nr. 4 S. 52. 53 gegen mein Manuſkript geſetzt iſt; Brinckman ſchrieb ſich ſelbſt nie mit nn, ſchon auf dem Titel ſeiner älteſten Werke — unter denen bei Seelmann a. a. O. fehlt: Faſtelabendpredigt för Johann, de nah Amerika führt will. Güstrow 1855 — ſo ſteht auch noch auf dem Titel ſeines tiefergreifenden hochdeutſchen opus poſthumum, Die Tochter Shakeſpeares, Roſtock 1881. (Uebrigens hat die falſche Schreibart auch Seelmann.)

Ovens, abgefaſst ca. 1625 (vgl. Ztſchr. der Geſellſchaft für Schleswig-Holſtein. Geſchichte Bd. 25, 1895, S. 188 ff.) heiſst es: »Anno 1584 wardt de bove in Witzwordt kercken genomet de pricke mit de ſtolte baven und under der böre gemaket.« Etwas unleſerlich iſt das Wort mit; es ſcheint beinahe zu heiſsen int, das paſst aber nicht zu ſtolte. Es ward alſo de bove (oder bore, Empore?) der Kirche zu Witzwort, die pricke, mit dem Gestühl über und unter der Empore gemacht. Die jetzige (dieſelbe) Kirche zu Witzwort hat keine Empore; das Schiff iſt durch ein Gewölbe von dem Chor getrennt. Die frühere Orgel hat eine Empore gehabt und darauf muſs das Wort böre gehen. Für »bove« iſt wohl »bore« zu leſen: die Handſchrift iſt nämlich nicht das Original von Ovens, ſondern ein paar Jahrzehnte ſpätor, ca. 1640, und nicht ganz ſorgfältig geſchrieben.

Oldesloe. R. Hanſen.

c. Die Stelle aus Ovens iſt in mehrfacher Beziehung wertvoll: wegen der Form »pricke«, weil das Wort dadurch auch für Nordfriesland, wenigſtens deſſen ſüdlichſten Theil belegt wird, weil dies Zeugniſs älter iſt als die bisher bekannten, und weil die Art, wie es zum einheimiſchen allgemeinen Ausdruck für Bühne erklärend geſetzt iſt, auf damals erſt geſchehne Einführung der Emporen und damit der Bezeichnung ſolcher Bauten ſchlieſsen läſst. Ich halte nicht bloſs »bove«, ſondern auch »böre« für verſchrieben und zwar ſtatt »bone, böne« des Originals. Bove iſt ein nirgends bezeugtes Wort, und die bore iſt wohl in Oberdeutſchland für Empore zuhauſe, läſst ſich aber für ſächſiſches und frieſiſches Gebiet nicht nachweiſen. Auch »der böre« muſs verderbt ſein aus »dem böne«; denn böne, das für das Binnenniederdeutſche freilich ſchon im Mittelalter auch als ſtark und vorzugsweiſe ſchwach flectiertes Feminin bezeugt iſt, kommt in den küſtenländiſchen und ſpeciell den nordelbingiſchen Mundarten, mndd. und nndd., nur als ſtarkes Masculin vor. Ferner fällt »mit de ſtolte« auf. Wenngleich »mit« im Mndd. auch den Accuſativ regieren kann, ſo iſt doch der Gebrauch des Dativs das Gewöhnlichere. Iſt hier Accuſativ anzunehmen, ſo wäre zu überſetzen: mit den Geſtühlen. Wahrſcheinlicher hat aber im Original entweder geſtanden »mit dē (d. h. dem) ſtolte« oder (ſtatt »int«) »und de ſtolte«. Es ſcheint, daſs das Wort pricke nördlich der Eider nicht gewurzelt hat; wenigſtens kenne ich kein Zeugniſs aus dem neueren Nordfrieſiſchen. Chr. Johanſen, Die Nordfrieſiſche Sprache nach der Föhringer und Amrumer Mundart, Kiel 1862, S 5 giebt: böön, msc. Emporkirche. C. W.

d. Brucke (brügge) = erhöhter Sitz findet ſich ſchon in Wirnts von Gravenberg Wigalois 7468 ff: frouwe Jaſite ûf einer hôhen brücke ſaz, daz nie dehein brücke baz von betten wart geſlihtet, mit tepichen wol berihtet. Lexer Mhd. Handwb. I., 369 fügt noch hinzu aus v. der Hagens Minneſingern 2, 158ᵃ: ſo muoz oven und brugge erwagen (erbeben, wanken). Nach Schmeller-Frommann, Bayer Wb. I, 347 iſt die Bruck, eigentl Brugg, und die Bruggen »eine breite Liegeſtatt von Brettern am Ofen und an einer Seitenwand der ländlichen Wohnſtube. Sie wird benutzt für fremde Gäste oder, wenn zur Winterszeit jemand im Hauſe krank wird. Der Raum unter ihr iſt gewöhnlich dem Hühnervolke angewieſen: Ofenbruck; Hennenbruck«. Wenn Schmeller dabei auf Britſchen (I, 370) verweist, so meint er wohl die Bedeutung des Wortes als »hölzerne Ruhestätte (Hüm. brits)«. Ob für letzteres mit Kluge, Etymolog. Wb., wirklich Zusammenhang mit Brett anzunehmen ist? Jetzt hört man nur noch selten Britsche, statt dessen, wie die Stellen in M. Heynes Deutsch. Wb II, 1292 beweisen, sich schon lange Pritsche eingebürgert hat.

Northeim — R. Sprenger.

Der alte Maitag (XXII, 23 42).

Dazu ist nachzutragen, dafs »old Allerhilgen« in Eiderstedt den Gegensatz bildet zu »old Mai«, da auch an diesem Tage, also am 12. November, die Dienstboten ab- und zugehen; und was mir mitgeteilt worden über »old Michaelis« in Dithmarschen, wird sich auf »old Allerhilgen« bezogen haben.

Dahrenwurth b. Lunden. — Heinr. Carstens.

Pritzstabel (XXII, 54).

Dafs Pritzstabel eine entstellte slavische (Sorbo-Wendische?) Form ist, kann wohl kaum zweifelhaft sein; es bezeichnet ursprünglich wohl jeden Aufsichtsbeamten. Zu vergleichen ist das bekannte russische Pristaw »Aufseher, Polizeibeamter«.

Northeim. — R. Sprenger.

Kräsel (XXII, 60. 61 f.).

Dafs das Wort aus dem Romanischen stammt, glaube auch ich. Im Mittelengl. erscheint croslet (crosselet) = Schmelztiegel, wofür jetzt crucible (mlat. crucibulum = a hanging lamp; an earthen pot for melting metals: Webster) gebraucht wird. Es ist das altfrz. croisel, s. Stratmann-Bradley, A Middle-English Dictionary S. 141. Ueber die Etymologie von croslet hatte man früher allerlei vage Vermutungen. Auch zu seiner Erklärung wurde von Webster das nd. Krôs, Krûs = Krug (holl. kroes; dän. kruus; schwed. krus; engl. cruse) herbeigezogen. Sogar mit cross = crux versuchte man das Wort zusammenzubringen. Webster bemerkt darüber: »According to some etymologists, it is derived from Lat. crux, cross, because these pots were marked with a cross, to prevent the devil from marring the chemical operation.«

Northeim. — R. Sprenger.

Zum Siebensprung (XIII, 39. XXII, 27. 44).

In der neuen (5.) Ausgabe des Hohenzollernjahrbuchs wird berichtet, dafs die Königin Luise mit ihrem Bräutigam, dem Kronprinzen Friedrich Wilhelm, und ihrer Schwester Friederike: »Unsere Katz hat sieben Jungen«, also den meklenburgischen Siebensprung, gesungen haben.

Northeim. — R. Sprenger.

Huke (XXII, 57).

»Das Niedersitzen mit zusammengezogenen Knieen« heet in het Friesch (Nederlandsch Friesland): »Op'e húken sitte«, in de algemeene Nederlandsche taal: »Op de hurken zitten« of »gehurkt, neêrgehurkt, zitten«. Met het Nederlandsche woord »hoek« (Ecke, Winkel) heeft deze uitdrukking zekerlijk geen verwantschap, zoo min als met huke (het lelletje in de keel, huig) en hucke (kapmantel, huik).

Haarlem. Johan Winkler.

Die St. Petrier glosse giftertanne.

Sprenger hat im Korrespondenzblatt XXII, 54 vorgeschlagen, die wahrscheinlich fehlerhafte glosse (ci) giftertanne »ad stradem, distructionem«, Kl. altsächs. sprachdenkmäler 83,3, in giftortanne (von asächs. *giftortan »umstürzen«) zu verbessern. Dieser an und für sich sehr ansprechende vorschlag (welcher übrigens durch faktisch vorkommende verwechslungen von e und o in derselben handschrift — s. Kl. asächs. sprachd. 147 — gestützt werden könnte) dürfte aber deshalb nicht anwendbar sein, weil die fragliche glosse offenbar hochdeutsch sein muss; wird sie doch von einer hochdeutschen präposition: ci (= zi) regiert.

Die von mir im glossar der Kl. asächs. sprachdenkmäler vorgeschlagene besserung: giscertan, welche eine noch kleinere änderung als diejenige Sprengers voraussetzt (c und t werden bekanntlich in den alten handschriften oft sehr gleich geschrieben und sind ebenfalls in den St. Petrier glossen mehrmals verwechselt worden, s. meine a. a. s. 147), habe ich mit rücksicht auf ahd. scartan, scertan »lacerare« (Graff), »verletzen, verstümmeln« (Schade) aufgestellt. Gegen diese ist aber zu bemerken, dass die bedeutungen nicht so gut stimmen, wie zu wünschen wäre. Deshalb habe ich sie in der a. a. mit einem fragezeichen versehen.

Göteborg. Elis Wadstein.

Notizen und Anzeigen.

Beitragszahlungen sind an unsern Kassenführer Herrn Joh^s^ E. Rabe, Hamburg 1, gr. Reichenstrasse 11, zu leisten.

Veränderungen der Adressen sind gefälligst dem genannten Herrn Kassenführer zu melden.

Beiträge, welche fürs Jahrbuch bestimmt sind, beliebe die Verfasser an das Mitglied des Redactions-Ausschusses, Prof. Dr. W. Seelmann, Charlottenburg, Pestalozzistrasse 103, einzuschicken.

Zusendungen fürs Korrespondenzblatt bitten wir an Dr. C. Walther, Hamburg 3, Krayenkamp 9, zu richten.

Bemerkungen und Klagen, welche sich auf Versand und Empfang des Korrespondenzblattes beziehen, bittet der Vorstand direct der Expedition, »Diedrich Soltau's Verlag und Buchdruckerei« in Norden, Ostfriesland, zu übermachen.

Für den Inhalt verantwortlich: Dr. C. Walther in Hamburg.
Druck von Diedr. Soltau in Norden.

Ausgegeben: Februar 1902.

Jahrg. 1901. Hamburg. Heft XXII. № 6.

Korrefpondenzblatt

des Vereins für niederdeutfche Sprachforfchung.

I. Kundgebungen des Vorftandes.

1. Veränderungen im Mitgliederftande.

Der Verein betrauert den Tod feines Mitgliedes, des Herrn Obergerichtsraths a. D. von Lenthe zu Alt-Schwarmftedt.

Neu eingetreten find die Herren:

Pfarrer Sander, Hünxe, Kr. Ruhrort.
Oberlehrer Dr. Liefenberg, Cattenftedt bei Blankenburg am Harz;
und das Königl. Gymnafium in Kiel.

2. Generalverfammlung zu Emden Pfingften 1902.

Der Vorftand giebt den geehrten Vereinsmitgliedern kund, dafs nach Befchlufs der Dortmunder Pfingftverfammlung 1901 die Generalverfammlung des Jahres 1902 um Pfingften zu Emden in Oftfriesland ftattfinden wird. Zugleich fpricht er die Bitte aus, die für diefe Zufammenkunft beabfichtigten Vorträge und Mittheilungen möglichft bald bei dem Vorfitzenden Geh. Rath Prof. Dr. Al. Reifferfcheid in Greifswald anmelden zu wollen.

3. Gefchichte der mittelniederdeutfchen Literatur.

In Paul's Grundrifs der germanifchen Philologie, Strafsburg, Karl J. Trübner, ift bekanntlich die Gefchichte der mittelniederdeutfchen Literatur von Dir. Dr. H. Jellinghaus bearbeitet worden. Es wird die Mitglieder unferes Vereines intereffieren, dafs von der zweiten verbefferten und vermehrten Ausgabe, die foeben in der zweiten Auflage des Grundriffes erfchienen ift, ein Sonderabdruck unter dem Titel: Gefchichte der mittelniederdeutfchen Literatur von Hermann Jellinghaus, 2. verbefferte und vermehrte Auflage, Strafsburg, Karl J. Trübner, 1902, für 1 Mark 50 Pfg. durch die Buchhandlungen zu beziehen ift.

II. Mitteilungen aus dem Mitgliederkreife.

Dönken (XXII, 80).

a. Paftor Bachmann-Zernin lehnt die gelegentlich eines Vortrages vom Oberlehrer Dr. Hamann-Schwerin gegebene Ableitung von mnd. dön(e) = Melodie, Weife ab und fieht in Dönken ein Verkleinerungswort des ſubſtantivierten Infinitivs dôn(t) (›ein kleines Geſchehnis, eine kleine Geſchichte‹). Lautlich ſteht beiden Ableitungen nichts im Wege: beide laſſen den heutigen Umlaut ö(i) aus mnd. ô(u) entſtanden ſein. Das t der anſcheinend weit verbreiteten Nebenform Döntje iſt aber für die Etymologie belanglos: das Eindringen eines unorganiſchen t zwiſchen n und j iſt unſchwer zu erklären (vgl. z. B. Lüneburg. Bon-t-jes Bonbons, auch die Analogie der vielen Eigennamen auf -tje(n) könnte das Auftreten des Dentals*) vor der Diminutivendung -je noch begünſtigt haben). Doch damit iſt der Bachmannſchen Vermutung nur eine ſchwache Stütze genommen. Auch auf die Lücke des Beweiſes, der ähnliche Verkleinerungsbildungen zu ſubſtantivierten Infinitiven hätte beibringen müſſen, ſei nur kurz hingewieſen. Der Einwand jedoch, daſs die Bedeutung von mnd. dôn ›Melodie, Weiſe‹ nicht ohne weiteres auf den Inhalt des Liedes zu übertragen ſei, hält nicht Stich, da dieſer Uebergang doch ſehr nahe liegt: auf hochdeutſchem Gebiet meint ›Weiſe‹ oft Melodie und Text zuſammen. ›Ton‹ ſelbſt bezeichnet wiederholt das Lied ſelbſt, von ›Geſang‹ ganz zu ſchweigen. Aber Bachmanns Hauptgrund iſt ein anderer: „In der Bedeutung ›Liedchen‹ iſt das Wort mir auch aus neuerer Zeit weder in der Literatur noch im Volksmunde begegnet.“ Dem ſei das wertvolle Zeugnis des Br. Wb. I 228 (1767) entgegengeſtellt: ›Döncken und Döntje, ein Liedlein, Arie. Holländiſch Deuntje‹.**) Und aus der 1857 erſchienenen Sammlung ›Döntjes un Vertellſels‹ des Oſtfrieſen Foocke Hoiſſen Müller (bei Dähnhardt, Heimatklänge I 49):

›He gung alleen, ſe ſatt alleen
Un ſung hör ſöt Döntjes hier up de Steen
In Dunkeln under de Bom‹ (›ihre ſüſsen Lieder‹).

Darin, daſs Mi's (Sibeth's) Ueberſetzung ›Hiſtörchen‹ das Richtige trifft, bin ich mit Bachmann einverſtanden, aber ſie gilt für den heutigen mecklenburgiſchen Dialekt, auch für das Osnabrückiſche (vgl. F. W. Lyra bei Dähnhardt I 60), das Lüneburgiſche (dort in der Form Döntje und gern mit dem Nebenſinn des ›Lögenhaften‹) und reicht ohne Zweifel noch weiter. Dagegen iſt die Mi'ſche Erklärung für die Etymologie des Wortes irreführend. Daſs John Brinckman an der angezogenen Stelle die zweite Erklärung (›kleines Lied‹) nicht dem mecklenburgiſchen Sprachſchatze entnommen hat, iſt auch meine Anſicht: aber ich möchte weniger an ein taſtendes Etymologiſieren als an die Benutzung des Br. Wb. denken. —

Wie kommt es nun, daſs daſſelbe Wort urſprünglich (und landſchaftlich wenigſtens bis in die Mitte des vorigen Jahrhunderts) das ernſte Lied und daneben ſpäter (und in weiter Verbreitung noch heute) Erzeugniſſe niederdeutſcher Geſpaſsigkeit bezeichnet? Die Erklärung ›Arie‹ könnte darauf deuten, daſs die Geſchichte des Wortes mit der Entwicklung der komiſchen Oper auf niederdeutſchem Boden zuſammenhängt. Bekanntlich ſank in ihr die Arie zum Couplet herab: zeigen etwa früher oder ſpäter dieſe Couplets einen im mecklenburgiſch-lüneburgiſchen Sinne ›dönkenhaften‹ Charakter?

Friedenau-Berlin. Eduard Kück.

---

*) Auch in der Form Döönken (bei Lyra, a. a. O.) vermag ich nur eine unorganiſche Bildung zu ſehen, eine Miſchform aus Dööne)ken und Dööntjen.

**) Das Wort wird von (dem vorangehenden) dönen (tönen) abgeleitet.

b. Piening's Buch führt den Titel: **Dat Hamborger Dööntjenbook.** im Vorwort gebraucht er aber **Dööntjebook** und den Plural **Dööntjes.** Piening ſchreibt nur in Proſa: wenigſtens kenne ich keine Gedichte von ihm.

Gegen die verſuchte neue Etymologie des Wortes **dônken, dôntje** laſſen ſich doch mehrere Einwendungen machen.

Im Meklenburgiſchen Dialekte iſt das adeutſche und aſächſ. ô (= mhd. uo = nhd. û = mndl. oe) durchweg zu au entwickelt und mit Umlaut zu äu, eu. Wenn dönken alſo von dôn (thun), mklb. daun ſtammen ſollte, ſo müſste es däunken, deunken lauten. Nun haben aber F. G. Sibeth und John Brinkman die Form dönken. Folglich wird es nicht von daun (thun) abzuleiten ſein.

Ein Theil der Belegſtellen des Mndd. Wbs. für ›dôn, done, msc. und fem. Melodie, Weiſe; Wort; Art und Weiſe‹ fälle wohl beſſer unter ›dôn, das Thun, z. B. die aus dem Sündenfall und dem Schakſpil‹. Prüfen wir dieſe! In jener Dichtung ſchlieſst die Schlange ihre Verführungsrede mit der Aufforderung an Eva: num (= nim), wiſ, den appel unde love minem done 986. Eine Geſchichte hat ſie nicht erzählt, ſondern ihren Rath, vom Baume zu eſſen, mit Ausführung von 1. Moſes 3, 4. 5 begründet. Da kann love minem done doch nur heiſsen: glaube meiner Rede, meinem Worte. Adam, altersſchwach, ſendet ſeinen Sohn Seth zum Paradieſe, um das ihm bei ſeiner Verſtoſsung aus dieſem von Gott verheiſsene Oel der Erbarmung (olie der entfermeniſſen, der barmhertichheit) zu holen. Er beſchreibt ihm den Weg dahin; dar wandere hen, min lêve ſone. Seth antwortet: Vader, ik wil dôn na dinem done 1360, nach deinem Worte, deinem Befehl. Hier paſst doch wiederum weder ›Thun‹, noch ›Geſchichte‹. Die Stellen im Schakſpil dürſen ſchon darum nicht zu dôn, Thun, gebracht werden, weil das Wort in ihnen als Feminin gebraucht wird: in minnichliker done 839, in rechter done 1776. 4619. Der ſubſtantivierte Infinitiv heiſst dagegen dat dôn oder dônt.

Ein mndd. döneken, Liedchen, kleine Weiſe, iſt bislang nicht geſunden; es wird aber beſtanden haben. Die begriffliche Entwicklung von Liedchen zu Geſchichtchen, Anekdote, Schnurre, Spaſs iſt jedenfalls erſt nach dem Mittelalter erfolgt. Daſs die Entwicklung aber ſo ſtattgehabt hat, dafür zeugt unwiderſprechlich die des ndl. deun, msc., Diminutiv deuntje, von ›Lied, Geſang‹ zu ›Scherz, Kurzweil‹ (Kilianus: ludus, facetiae, nugae). Sie läſst ſich auch leichter verſtehn, als die vermuthete von ›Thun, That‹ zu ›Geſchehn, Geſchichte, Erzählung‹.

Wir ſagen dönken, döntje, der Niederländer deuntje; unſer ö weiſt auf altes ô, das ndl. eu auf ŏ und älteres ŭ zurück: mndl. done, Ton, Schall, agſ. dyne (engl. din). Nicht bloſs auf die Bedeutung, ſondern auch auf die Form des ndd. döne hat demnach das als dôn herübergenommene lat. tonus eingewirkt, während nur auf die Bedeutung des ndl. döne, deun. Oder ſagt man bei uns auch noch irgendwo dœnken, dœntje (kurzes tonlanges ö) ſtatt dönken, döntje?

Hamburg. C. Walther.

Krûp unner, krûp unner, de Welt is di gramm!

Ich erinnere mich aus früheſter Jugend, daſs meine Mutter, wenn ich, im Bette liegend, die Bettdecke von mir ſtieſs, mich liebevoll zudeckte mit den Worten: ›Krûp unner, krûp unner, de Welt is di gramm!

Meine Mutter sprach selbst nicht mehr »Plattdeutsch«, das schon lange unter den Bürgern Quedlinburgs nicht mehr für fein galt; sie hatte aber manchen niederdeutschen Spruch (s. Korresphl. II, S. 90) als Erbe einer alten Base treu im Gedächtnis bewahrt. Später lernte ich das Sprichwort als Motto von Klaus Groths »Unruh Hans, de letzte Zigeunerkönig« kennen. Es lautet hier:

»Krub ünner, krub ünner!
De Welt is di gramm!
Old Taterleed.«

Woher Groth die Angabe hat, dafs der Spruch einem alten Zigeunerliede entstammt, weifs ich nicht. Jedenfalls hat er hier die Bedeutung, die Schütze im Holstein. Idiotikon 2. Teil, S. 357 angiebt: »ünnerkrupen: unterkriechen, auch sterben, daher das Sprw. Krup ünner, krup ünner, de Welt is di gramm: stirb, die Welt giebt auf dich nichts mehr.«

Joh. Carl Dähnert in seinem Platt-Deutschen Wörter-Buch nach der alten und neuen Pommerschen und Rügischen Mundart S. 259 verzeichnet: »Krup unner, de Welt is di gramm. Ein spöttischer Rath an übermäfsig betrübte«.

Weiter fand ich den Spruch in einem niederdeutschen Gedenkblatt Friedrich Ludw. Jahns, des Turnvaters, welches er einem Reichstagsgenossen der Paulskirche zum Angedenken geschenkt hat. Es ist abgedruckt in Gustav Schwetzschke's ausgewählten Schriften. Halle 1864, 2. Abt. S. 32 und lautet:

»De Lüneborger Heid kenst Du. Da wöhnte fus up de Affide nah Morgen to, ên unwirsch Volk, de Wenden. De wären schef gewicket (lies: gewickelt), falsch gewegt,[1]) un verkehrt gewischt. Ere Oellern slögen se dod, wen se swack worden. Darto hadden se êne grote Hüsküle,[2]) un de straüfste Bengel föhrde den Slag up Vader un Moder. De Kuhl was vörher to reiht (l.: recht?) mäkt, un so steten se ohn Moihe den Lyknahm in't Loik (l.: Lock), als de Schinder ên Aas. Dat was ên kort Gräwniss, ohne alle Köst.[3]) De Erde trampelten se fast, un de Rawenkinder sungen darto:

»Krup unner, Krup unner!
De Werlt is Dy gram.«

Hüdiges Dages giwwt dat noch Wenden, ök in Frankfort in Pagelskerken,[4]) un up Turnplätzen.«

Jahn hat mit Groth das gemeinsam, dafs er den Spruch als Teil eines alten Liedes fafst, das, wie in Holstein den Zigeunern, in der Mark den Wenden zugeschrieben wird. Sollten wirklich noch weitere Strophen dieses Liedes zu finden sein? Danneil in seinem altm. Wb. kennt nur den mir aus Quedlinburg bekannten Gebrauch. Er schreibt S. 119: »Das Sprichwort: krüp unner, krüp unner, de Welt iss di gram hat bei uns nicht die Bedeutung: stirb nur, man giebt auf dich nichts mehr, wie

---

[1]) Nach der Volksmeinung sollte richtiges Wiegen die Kinder klug machen (daher ein gewiegter Kenner), wogegen Basedow das Wiegen überhaupt bekämpfte.

[2]) Der bekannte Schlegel, der sich noch vor kurzer Zeit an den Thoren märkischer Städte fand, mit der Inschrift: »Wer seinen Kindern giebt sein Brot und leidet nachher selber Not, den schlag' man mit der Keule tot.«

[3]) Gewöhnlich Hochzeits-, hier Leichenschmaus.

[4]) Die Frankfurter Paulskirche.

in Hamburg, ſondern wird nur beim Tändeln mit kleinen Kindern gebraucht, die im Bette liegen und gern die Bettdecke von ſich ſtoſsen, oder die beim Spiele ſich das Geſicht verhüllen und die Hülle raſch wieder abnehmen.« Daſs der Name eines Wirtshauſes im Kirchdorfe Hellingen Krup under (ſ. Korreſpbl. II, 88) auf den Spruch zurückgeht, glaube ich nicht.

Northeim. R. Sprenger.

Zu Reinke de vos.

1924. Dorſte ik, ik bede half gnade.

Im Reinaert I, her. v. E. Martin, V. 1985 ſteht: here Iſingrin, half ghenade! Ich glaube jetzt (vgl. Jahrbuch X, 108) annehmen zu dürfen, daſs half hier den Begriff verſtärkt und verweiſe dazu auf einige Beiſpiele aus dem familiären Engliſch. In Mrs. Craik's Erzählung Cola Monti, her. v. Opitz (Leipzig, G. Freytag), S. 32, 25 ſagt Jacob Lee »I had rather by half have father's cotton-mill«. Der Herausgeber erklärt dies durch »ich möchte weit lieber haben.« by half (halves) verſtärkt den Begriff des Adjektivs auch in folgenden Beiſpielen, die ich Murets Wörterb. I, 1022 entnehme: to be too clever by halves, ſehr gerieben ſein; you are too clever by halves, Sie ſind ein Schlauberger. I have half a mind to buy that houſe, ich möchte mir dieſes Haus kaufen. Vgl. R. V. 4240: He krêch wol half einen twiſelen môt.

1762. ſe laten ſik ok nicht entfermen,
mogen ſe men krigen vette kroppe;
den armen laten ſe nouwe de doppe,
wan ſe en der eiger hebben berovet.

So die Interpunktion bei Lübben und Prien, während Schröder nach entfermen Kolon, nach kroppe Komma ſetzt. krop überſetzen Lübben und Schröder im Wörterverzeichnis durch »Kropf«, während das Wort bei Prien fehlt. Eine Bemerkung ſteht in keiner der Ausgaben, obgleich ſie mir durchaus nötig ſcheint. Da ich ſchon früher einmal bemerkte, daſs krop hier nicht »Kropf« ſein kann, aber damit wenig Glauben fand, ſo will ich nochmals darauf aufmerkſam machen, daſs das adj. vett zu krop in dieſer Bedeutung nicht paſst. Zwar bezeichnet krop, mhd. kroph, kropf nicht nur den krankhaften Auswuchs am Halſe des Menſchen, ſondern — in Uebertragung von den Vögeln — auch den Vormagen (ſ. Lexer I, 1749 und Mnd. Wb. II, 578). Man ſagt daher wohl einen vollen, aber nie einen vetten kropf haben, eſſen u. ſ. w. Was ſollte es auch für den Schlemmer für ein Genuſs ſein, wenn ihm der Magen recht fettig wird? Wenn wir nun hier nach einer anderen paſſenden Bedeutung von krop ſuchen, ſo bietet ſich die eines Gebäckes, des hochd. Krapfen. Daſs dieſe in Fett gebackenen Küchlein im Mittelalter beliebt waren, wiſſen wir u. a. aus Wolframs Parcival 184, 24, wo es bei Schilderung der in Pelrapeire herrſchenden Not heiſst:

»ein Trühendinger phanne
mit kraphen ſelten dâ erſchrei.«

Daſs kröpel (Verkleinerungsform von krop) in Göttingen nach alter Sitte beſonders um Faſtnachten mit Schmalz oder Oel in der Pfanne noch jetzt gebacken werden, erwähnt Schambach S. 114. Sie werden gewöhnlich

Fettkröpel genannt. Nach Schambach a. a. O. und Mnd. Wb. II, 578 wird in alten Glossaren cropele durch »panis pistus in oleo« erklärt. Ich glaube daher, dafs die Verse R. 4762 f. zu übersetzen sind:

»Sie kennen auch kein Erbarmen, wenn dabei nur fette Bissen für sie abfallen.«

Ich glaube nemlich, dafs vette kroppe hier die erweiterte Bedeutung einer besseren Speise überhaupt hat, wie wir sagen: fette Häppchen, fette Bifschen. Im Reinke V. 106 wird so ein vet morseel (Stück) gebraucht. Uebrigens ist es nicht ausgeschlossen, dafs Lübben, wenn er krop durch »Kropf« übersetzte, dabei an das Gebäck gedacht hat. Denn dieses ist nach Heynes D. Wb. II, 489 auch Name eines gefüllten Backwerks. Dafs wie Heyne meint, dies zu Kropf = guttur, branca gehört, ist nicht anzunehmen; es ist vielmehr nur das mnd. krop »artocrea« ins Hochdeutsche übertragen. Die Interpunktion Lübbens ist der Schröders vorzuziehen.

Die Verse 4762 f. haben im Reinaert an dieser Stelle nichts Entsprechendes, doch glaube ich, dafs dem niederd. Ueberarbeiter, als er diese Verse niederschrieb, die V. 5050 ff. (Martin) vorgeschwebt haben:

ende als si swelghen moghen ende asen (schmausen)
die vette morseel ende die goede spise,
so sijn si vroeder dan di wise
Salomon of Aristoteles.

Dem vette morseel der Vorlage würde dann das vette kroppe des Reinke entsprechen und meine Auslegung dadurch bestätigt werden.

Northeim. R. Sprenger.

Das Adverb vele und das Verb buchten im Koker (XXII, 20. 40. 77).

Gegen Damköhler's Erklärung der Stelle im Koker S. 324: vele wardt begreppen myt der handt, dat me darmede wyl büchten durch: »häufig wird (dasjenige) mit der Hand befafst, angefafst, was man damit d. h. mit der Hand biegen will«, hatte ich zweierlei eingewendet. Erstens dafs »vele« nicht das Substantiv »vieles«, sondern das Adverb »häufig« sein solle; zweitens dafs »buchten« soviel wie »biegen« bedeuten solle. Eine Beseitigung meiner Bedenken hätte durch Entkräftung der Gründe, auf welche sie sich stützten, geschehen müssen, also bewiesen werden müssen 1) dafs sich auch sonst im Koker Beispiele fänden von einem solchen Gebrauch des adverbiellen vele im Anfang des Satzes und in Trennung vom Verbalbegriff durch ein anderes Wort, 2) dafs buchten im Sinne von »biegen« auch sonst im Mndd. vorkomme oder, wenn nicht, wenigstens sein Vorhandensein angenommen werden dürfe.

Ob Damköhler im Kbl. XXII, 77 ff. diese Nachweise geliefert hat? Nach meiner Ansicht nicht. Ueber das Wort vele, Substantiv und Adverb, wird lang und breit gehandelt und sein Gebrauch mit alten litterarischen und modernen volksthümlichen Beispielen belegt, aber diese Beweisführung geht entweder um den Kernpunkt herum oder ist mislungen. Z. B. werden sechs Belege aus der Sprichwörtersammlung des Tunnicius angezogen, um zu zeigen, dafs die Spracheigenthümlichkeit, welche ich behandelt habe, nämlich der Gebrauch eines adverbiellen vele nicht auf den Koker beschränkt sei. Wo habe ich das behauptet? und was thut das zur Streitfrage aus? Die Beispiele sind übel gewählt; denn in vieren derselben, Nr. 821. 46. 321. 1026, steht vele adjectivisch oder substantivisch, also nicht adverbiel. Ferner: »auch andere Worte werden wiederholt«. Habe ich das etwa geleugnet oder trägt diese Beobachtung irgend etwas zur Aufhellung über den Sinn bei, den vele in »vele wardt begreppen« haben muss oder kann? Der Zweck, den Damköhler mit der Auftischung so vieler Sprichwörter verfolgt, ist einzig der, darzuthun, dass man bei solchen nicht von einem Sprachgebrauch einer einzelnen Person reden könne. Nun »stammen die meisten der Sentenzen im Koker wohl aus dem Volksmunde«, folglich sei mein Versuch, Damköhler's Deutung jener Stelle im Koker aus dessen Sprachgebrauch als unwahrscheinlich zu erweisen, ohne Werth und hinfällig.

Dieser Behauptung muss ich aber durchaus widersprechen. Es sind nur eine mässige Anzahl Sprichwörter in den Koker aufgenommen, aber auch diese sind selten vom Verfasser ganz in der volksthümlich geprägten Gestalt verwendet. Daran ward der Verfasser schon dadurch verhindert, dass er jede Sentenz auf zwei Zeilen vertheilte und dass er, wenngleich nicht diese mit einander, doch das ganze Werk sich reimen liess. Man darf daher mit vollem Recht von einem Sprachgebrauch des Kokers reden. Alle Schriften, die wir von Herman Bote kennen, haben nun auch in der Handhabung der Sprache ein so individuelles Gepräge, dass der Nachweis, den ich 1892 in einem Vortrage zu Braunschweig über den Verfasser des Kokers geliefert habe, nicht zum geringsten Theile grade auf der Uebereinstimmung des Stils und Sprachgebrauchs in diesem Gedichte mit denen der unbestritten von Bote herrührenden Schriften beruhte. Oben S. 40 hat Damköhler meinem Schlusse auf Bote als Autor des Kokers zugestimmt.*) Damit kann ich seine auf S. 77 ff. vorgetragene Ansicht über Bote's sklavische Abhängigkeit von bereits durch den Volksmund formulierten Sprichwörtern nicht in Einklang bringen. Wenigstens hätte er den Beweis führen müssen, dass die von mir auf S. 41 beigebrachten Beispiele des Gebrauches der adverbiellen Ausdrücke vele, vaken unde vele, vele — vaken nicht bloss dem Volksmunde entlehnte Lebensweisheit enthalten, sondern dass sie in derselben Fassung in den Sprichwörtersammlungen des 16. Jahrhunderts überliefert sind. Für die Begründung jenes allgemeinen Urtheils über die Herkunft der Sentenzen des Kokers würde das jedoch nicht genügen; vielmehr wäre dazu die gleiche Untersuchung auf alle solche auszudehnen, welche Damköhler für bloss entlehnte Sprichwörter hält. Soweit ich den Koker zu kennen meine, schätze ich das Resultat einer derartigen Vergleichung der Sprüche des Kokers mit Sprichwörtern für unbedeutend und nicht günstig für Damköhler's Meinung, die mir auf einer vollständigen Verkennung der Absicht zu beruhen scheint, welche Bote zur Abfassung des Kokers bewog. Doch auf diesen Punkt kann ich hier nicht weiter eingehn; wohl aber will ich als zur Sache dienend die Verwendung des adverbiellen vele aus den übrigen Schriften Bote's zu belegen suchen.

---

*) Unrichtig wird dabei auf Korrespondenzblatt VI, 67 ff. verwiesen. Denn dort, in der summarischen Wiedergabe meines 1881 zu Herford über den Koker gehaltenen Vortrages, wird Bote gar nicht erwähnt. Die Untersuchung über den Verfasser habe ich erst später unternommen. Es wäre auf das Jahrbuch XIX, 79 zu verweisen gewesen.

Voraus bemerke ich, dafs die copulative Verbindung von vaken und vele und dicke, welche vor dem 15. Jahrhundert nicht nachweisbar ist, gewifs nicht volksthümlicher Ausdrucksweise, sondern der Schriftsprache entstammt, namentlich der umständlichen, durch Synonyme eine stärkere Wirkung erstrebenden Rede von Geistlichen, Historikern und Juristen. Und vornehmlich aus dieser Paarung mit vaken oder dicke wird wohl die Verwendung des vele allein im Sinne von »häufig, oft« entsprungen sein. Bote bedient sich der Bindung von vele mit vaken noch im Boke van veleme Rade XI, 65 (Ndd. Jb. XVI, 30): als id leider vaken unde vele schuet (geschieht); im Schichtboke (Hänselmann, Braunschw. Chroniken II) S. 399, 14: unde kumpt denne ock vaken unde vele, dat etc., und 469, 7: sunte Autor hefft dusse stad vaken unde vele beschuttet unde beschermet. Dicke unde vaken steht Schichtbok 423, 11: wente vor bedacht wat na [mach?] komen, dat deyt dicke unde vaken velen fromen (Nutzen). »Vele« allein als Adverb habe ich im Boke v. v. R. nicht gefunden, dagegen im Schichtboke, aber nur in der auch im Mhd. üblichen Stellung vor dem Comparativ: vele starker (um vieles stärker) 307, 33. Mit einem Zeitwort verbunden ist es mir weder in quantitativem (sehr) noch iterativem Sinne (oft) aufgestofsen; denn 357, 10: me schal neynen vorkôp don in des Rades gebede, des wanteher vele ghescheyn is, braucht nicht verstanden zu werden als »was bisher vielfach geschehn ist«, sondern wird sein: »dessen bisher viel geschehn ist«. Der Sinn ist freilich derselbe, aber eben deshalb läfst es sich nicht für »vele wardt ergreppen« verwerthen, weil in diesem Satze, jenachdem man »vele« als Substantiv oder als Adverb fafst, sich ein ganz verschiedener Sinn ergiebt.

Wie Bote's Ausdrucksweise überhaupt auf Deutlichkeit abzielt, so hat er auch vele nur so gebraucht, dafs man ohne weiteres merkt, wie er es verstanden haben will. Als Adverb verwendet Bote das Wort einmal zur Verstärkung des Adjectivs und Adverbs, z. B. vil na (beinahe) und vele starker (f. oben); zweitens bei Zeitwörtern und zwar bei intransitiven, dagegen bei transitiven nur dann, wenn sie einen Accusativ regieren, so dafs kein Zweifel über die adverbielle Natur des vele entstehen kann. Von den oben auf S. 41 angeführten Stellen des Kokers zeigen adverbielles vele bei intransitiven Verben: S. 331 vele ropen, 347 vele bestolen werden, 360 vele beschauwen, 324 vele wenen, 310 vele ghan, 317 vele rennen, 318 vele ryden; ferner Van veleme Rade XI, 85: vele scheen oder scheyn; Schichtbok 399, 14: vele komen. Bei einem transitiven Verbum mit Object finden wir adverbielles vele in: wor men dat haer wil vele plücken*), Koker 369 und: dar me de keserlinge vele wetert S. 341, und Schichtbok S. 469, 7: S. Autor hefft dusse stad vele beschuttet. In der Stelle des Kokers S. 306: de vaken und vele wil drinken, hat Damköhler S. 78 richtig vele für substantivisch erklärt. Ebenso ist zu fassen Koker S. 339: vele raffelen = vieles gewinnen. Nun bleibt noch die eine besondere Verbindung des vele mit einem reflexiven Verbum: mennich sik mit pralen vele vormit, Koker S. 322. Hier fehlt das Genitivobject; aber sik vormeten begegnet auch sonst so ohne dieses und mit einem Adverb, wie ja Damköhler S. 78 dieselbe

---

*) dat haer habe ich conjiciert statt dat hare, vielleicht stand in der Hdschrft aber der hare, dann stünde vele hier substantivisch mit Genitiv.

Wortfügung (de vele ſik vormit) aus Tunnicius nachgewieſen hat. Es iſt zweifelhaft, ob man hier »vele« als Accuſativ zu nehmen hat; für das Mhd. bringt Lexer im Mhd. Handwörterbuche für »ſich vermezzen« mit Accuſativ ein einziges Beiſpiel: ſwaz er ſich vermizzet. Wie »mennich ſik vele vormit« nun auch grammatiſch zu conſtruieren iſt, ſo kann doch über den Sinn deſſelben keine Unklarheit ſein. Inbetreff des ſtreitigen Satzes »vele wardt begreppen mit der handt«, wo vele mit einem tranſitiven Zeitwort verbunden iſt, muſs ich dagegen bei der Anſicht bleiben, daſs dem Erforderniſs der Verſtändlichkeit und dem Sprachgebrauch Bote's eine Ueberſetzung »vielfach wird (das) mit der Hand ergriffen (was etc.)« nicht entſpricht, ſondern daſs es ſoviel bedeutet wie »vieles wird mit der Hand ergriffen«: »vele« muſs das Object zu »begripen« ſein.

Im zweiten Abſchnitt ſeines Aufſatzes hat Damköhler ſich bemüht nachzuweiſen, daſs buchten aus bucht abgeleitet ſei. Vom modernen Wort buchten habe ich das ſo wenig geleugnet, daſs ich vielmehr dieſe Ableitung durch die Vergleichung anderer germaniſchen Dialekte geſtützt habe. Ich habe nur geleugnet, daſs es ein mndd. Verb buchten = biegen gegeben habe. Was Damköhler dagegen und für ſeine Annahme eines ſolchen Zeitwortes beibringt, liefert wieder keinen Beweis; ſo das Verzeichnis über das neundd. bucht und ſeine verſchiedenen Bedeutungen, und ebenſo wenig der Nachweis des Verbums buchten = biegen im intranſitiven, tranſitiven und reflexiven Gebrauch des neueren Braunſchweigiſchen Dialektes und des ſchottiſchen to bught = in eine Verzäunung treiben, und endlich die Vermuthung, daſs he bucht im Koker nicht vom Infinitiv bugen, ſondern von buchten ſei.

Das Hauptwort Bucht läſst ſich noch aus mehr nndd. Dialekten belegen; es kommt ſchon im 17. und 18. Jahrhundert bei hd. Schriftſtellern, die aus Norddeutſchland ſtammen, in ziemlich allen Bedeutungen vor, welche das Wort in der heutigen Schriftſprache und in den modernen ndd. Mundarten haben kann; auch für das Mndd. iſt das Wort durch mehr als jene eine Stelle im Mndd. Wb. zu belegen; ſogar ſchon im Agſ. finden wir das Wort byht. Da das alles aber kein Verb buchten verbürgt, ſo verſpare ich mir die Nachweiſe des Subſtantivs auf eine andere Gelegenheit. Zu unſerer Frage muſs ich wiederholen, daſs ich nirgends in älterer Zeit auf ein Zeitwort buchten = biegen, beugen geſtoſsen bin.

Daſs buchten im neueren Braunſchweigiſchen Dialekt erſt eine junge Bildung aus bucht iſt, macht die analoge neuere Entwicklung im Ndl., Dän. und Schottiſchen durchaus glaublich. Das Nndl. kennt auch eine Adjectivbildung bochtig, das Nndd. buchtig, das Engl. boughty. Wichtig ſcheint der Nachweis eines tranſitiven buchten in der Redensart: dëne will'k ſchön buchten. Ich kenne dieſelbe aus Niederelbiſcher Gegend: den will ik buchten. Das heiſst aber nicht »den will ich biegen«, ſondern »den will ich in die Bucht treiben«; man ſagt in derſelben Bedeutung: den will ik to Hûs driven, dem will ich heimleuchten.

Die Verbalform bucht in: de rode de dar bucht, möchte Damköhler lieber für verkürzt aus buchtet halten als für die regelrechte 3. Prſ. Praeſ. Sing. vom ſtarken Verb bugen. Mir ſcheint dieſe Annahme nicht philologiſchen Grundſätzen zu entſprechen. Da »bucht« die grammatiſch regelrechte 3. Sg. Praeſ. von bûgen iſt und da die Bedeutung von bûgen hier dem Sinne des Satzes völlig genügeleiſtet, ſo iſt doch kein Grund, eine andere Ableitung dieſer Verbalform zu ſuchen, geſchweige ſie als Flexion von einem ſonſt nicht nachweisbaren Worte aufzufaſſen. Warum ſoll ›bucht‹ grade ›an dieſer Stelle‹ von buchten zu leiten und nicht an anderen? wie z. B. in: wes ſachtmodich alſo en rode, de vor deme winde bucht, Cato 444 (Ndd. Jb. 23, 22): wu (je) en menſche oitmodigher is, wu (deſto) he ſyder bughet, unde wu he ſyder bucht, wu he beter vrucht voertbrenckt, Veghe's Predigten 367, 37 f.; dat ſe ſick dre gude gerichte laten updragen, dat de diſch bücht*), N. Gryſe, Spegel fol. Nn. 4ᵇ. Dieſe letzte Stelle citiert Jacob Grimm Dtſch. WB. I, 1816: er leitet bücht von bugen ab. Endlich wäre auch hier nach dem Sprachgebrauch Bote's zu fragen geweſen, ob er von den ſchwachen Verben, deren Stamm auf einen Konſonanten + t ausgeht, die 3. Perſ. Sg. Praeſ. zu verkürzen pflege, alſo ob ›he bücht‹ ſtatt ›he büchtet‹ ſeiner Sprache gemäſs ſei. Während er ſich der verkürzten Formen gerne im Praeteritum und im Particip. Praeteriti bedient, ſcheint er ſie für die 3. Sg. Praeſ. zu meiden. Mir ſind wenigſtens neben ſehr vielen Belegen voller Form in ſeinen Schriften nur drei Fälle der verkürzten aufgefallen, auf die ich aber nicht eingehe, weil ein Verb buchten dadurch nicht bewieſen werden kann. Aber Damköhler hätte ſich meines Erachtens die Frage vorlegen und die Unterſuchung anſtellen müſſen, als er den Glauben faſste, bucht könne von buchten gebildet ſein ſtatt von bugen.

Bugen und bögen ſind nicht bloſs mundartlich verſchieden, ſondern jenes iſt ein ſtark, dieſes das aus deſſen Praeteritum gebildete ſchwach flectierende Verb, jenem eignet intranſitive, dieſem tranſitive Bedeutung. Später wird bugen bisweilen auch ſchwach gebeugt und wird auch tranſitiv gebraucht. Die Berufung auf die Münſteriſche Chronik von ca. 1540 iſt unſtatthaſt, da ›die Handſchrift nicht vom niederdeutſchen Verfaſſer Gresbek herrührt, ſondern von einem oberdeutſchen oder doch nicht rein niederdeutſchen Abſchreiber‹ (Münſt. Chron. Bd. II, hrsg. v. C. A. Cornelius S. LXIII). Bote verwendet bogen, bögen nur tranſitiv, reſp. reflexiv; auſser an der oben S. 42 von mir citierten Stelle noch Koker S. 319: de kny bögen; Bok v. v. Rade IV, 3: de ſik boghet; im Schichtbok ſcheint weder bugen noch bogen vorzukommen. Das reflexive Intenſivum ſick bücken findet ſich im Koker S. 311 und 344. Ein buchten = biegen aber begegnet, wie überhaupt im Mndd. nicht, ſo auch nicht bei Bote. Dies Zeitwort iſt zwar in der neueren Sprache vorhanden, allein, ſoviel ich ſehen kann, eine moderne Bildung. Ich bezweifele demnach die Annahme desſelben für die in Rede ſtehende Stelle des Kokers nach wie vor. Das ›myt der handt‹ gehört als nothwendige nähere Beſtimmung zu ›begripen‹, denn (ſ. Mndd. WB.) dieſes Zeitwort konnte in verſchiedener ſinnlichen und übertragenen Bedeutung verwendet werden; darum aber braucht ›darmede‹ nicht auf die Hand bezogen zu werden. Was buchten in den Verſen bedeutet, weiſs ich nicht; daſs es nicht ſoviel wie biegen ſein kann, ſcheint mir feſtzuſtehen. Meinen Hinweis auf ein anderes buchten habe ich nur hypothetiſch gegeben, weil ich die Notion ›prahlen‹ nicht recht paſſend für die Stelle des Kokers erachtete. Darum habe ich auf die Möglichkeit eines anderen verwandten

*) ›buckt‹ im Mndd. WB. iſt Druckfehler.

Begriffes hingedeutet. Ich habe nicht behauptet, dafs die von mir versuchte Erklärung auf jeden Fall das Richtige treffe; dagegen behaupte ich, dafs man bei einer Deutung des buchten im Koker das bichten oder buchten und das Substantiv buchter in Josep's Gedicht von den sieben Todsünden nicht unberücksichtigt lassen darf. C. Walther.

Niederdeutsche Geschäftsreclame (XXI, 92).

»ET · MI · UP« ist die gesetzlich geschützte, erst kürzlich von der grofsen Cakes-Fabrik H. Bahlsen hier angewandte Bezeichnung einer neuen Cakes-Sorte. In der Neuzeit ist dies wohl eine einzig dastehende Anwendung des Plattdeutschen in dieser Richtung. Schade, dafs nicht auch ein auf dem Einschlagpapier vorhandener Vers in gutem Plattdeutsch abgefafst ist.

Hannover. M. Börsmann.

Polka (XXII, 45. 51. 71).

Zu »Polka« erlaube ich mir auch auf meine »Vierhundert Schlagworte« (Leipzig, Teubner, 1901) S. 4 f. 68 hinzuweisen.

Berlin. Richard M. Meyer.

Westengrisch duür, dür, die Thür.

Diese Form herrscht (statt dör) in der westlich der Weser heimischen westengrischen oder ostwestfälischen Mundart, die sich in zahlreichen Lauten, Wörtern und Wortformen so charakteristisch von der niedersächsischen und münsterischen abhebt.

Ravensbergisch duür, dativ duüren, noch westlicher aus Achelriede ö. Osnabrück: achter der düüren, Lyra f. 146, lippisch de dür Frommann's Ma 6, 58, paderborn. dühr Niu lustert mol f. 37. Soester Börde ßüer der düär Korrbl. 2, 71, sauerländisch iut der diühr Grimme, Schwänke (1872) f. 48. Woeste schreibt dǫr. Das Häkchen unter dem o wird den ü-Laut bezeichnen sollen. (In den Schriften von E. Hoffmann und F. Holthausen über die lippischen und Soester Laute kann ich das Wort nicht finden).

An ein Eindringen des hochdeutschen ü-Lautes gerade in dieses Wort ist nicht zu denken. Vielmehr hat sich hier ein älteres besonderes Wort erhalten, dem nur noch ags. pȳre n. Öffnung, Loch und adj. pȳr, durchbohrt, entsprechen.

Osnabrück. H. Jellinghaus.

Der Ortsname Pye.

Bei M. Niemeyer in Halle ist eine ausführliche Sammlung und Erklärung der altenglischen Flurnamen von H. Middendorff erschienen (56 S. gr. 8°). Der Verf. hat den Gegenstand mit viel Fleiss und mit Kenntnis behandelt. Nur leidet das Buch unter dem Umstande, dafs es viele Wörter in den ags. Grenzbeschreibungen, die Kemble und noch neuerdings Searle als Personennamen aufgefasst hatten, mit (meist seltenen) ags. Wörtern zu intendificieren sucht.

Ein schlimmer Lapsus ist dem Verf. aber S. 103 mit dem Namen des Piesberges bei Osnabrück passiert, indem er denselben mit dem ags. Piscrundel und Pisloáh zusammenstellt und ihn so durch piseln, leise regnen, in feinem Strahle auslaufen erklärt. Der Berg heisst eigentlich »der Hohe«, wie aus einer Ueberlieferung v. J. 1344 hervorgeht: nemus dictum Hoen seu Pedesberch. (Osnabr. Mitt. 18, 134). Er hat seinen Namen von der darunter liegenden Bauerschaft Pye (gesprochen Pi-e). Diese heisst urkundlich 1160 Pythe, 1209 Pithe, 1180 Pethe, noch im 16. Jh. Pede. Aus dem Übergang des i in e erhellt, dass i altes kurzes i ist. Zur Erklärung giebt es nur das bekannte and. pith, das Mark, und es ist ja auch möglich, dass man eine am Fusse der unfruchtbaren Hügel im fruchtbaren Thale angelegte Bauerschaft »das Mark« nannte. Dürre bezieht auch das Pathi der Corveyer Traditionen auf Pye, was ganz unmöglich ist. Es könnte eher Padhorst im Kr. Halle sein.

H. Jellinghaus.

Krûsel (XXII, 60 f. 83).

In eigentümlicher Bedeutung verzeichnet das Wort Dähnert S. 258: »Ein Gestell von verschiedenen gegen einander überstehenden Haken an einem Hangeseil, das auf- und niedergelassen werden kann, um an die Haken Fleisch und andere Esswaren im freyen Raum zu hängen.« Wie erklärt sich das Wort in dieser Bedeutung? Mit dem adj. krûs = kraus hat es doch wohl nichts zu thun, wie das folgende: »Krûsels in krause Falten gelegte Leinwand, Bänder und dergleichen. Halskrûsels, Armkrûsels u. a.«

Northeim. R. Sprenger.

Busse = Wiege

gebraucht »De olle Nümarker« in seinem Buche »Van mienen Keenich Willem« 2. Aufl. Jena 1869 S. 131 u. ö., einmal auch in übertragener Bedeutung: de Busse van de Reformatschon = die Wiege der Reformation (S. 297). Busse ist hier hd. Büchse; man vergl. engl. box, Korb zur Aufnahme der Kinder im Findelhause.

Northeim. Sprenger.

Zum niederdeutschen Wörterbuche.

IV, 243: slippe bildl. Streifen (Landes)? Ludeke unde Hans kregen (processierten) umme bu . . . dat entschieden dy schepen also etc. Dat Hans gebûwet hedde, dat schal bliven unde dy slyppen, dy Hans aufsprake, dy schal Ludeken bliven unde up dy slippen schal Hans nicht buwen. Hall. Schöppenb. fol. 31b. Vgl. Neoc. 2, 290 u. 296. Nach Mor. Heynes D. Wb. 3, 102 ist: »Schlupfe f. Schlupfwinkel, latibulum (Stieler): umgelautet schlüpfe, enger Raum zwischen zwei Häusern, lieber in verderbter mitteld. Form schlippe«. Ebd. S. 395: »Schlippe f. enger Raum zwischen den Wänden zweier Häuser zur Ableitung des Regenwassers, Frisch; landschaftliche mitteldeutsche Form für schlüpfe, zu schlupf und schlüpfen gehörig.« G. Freytag, Bilder a. d. d. Vergangenheit II, 1, 8

S. 135: »Die Häufer ftehen mit dem Giebel auf die Strafse, in der Regel nicht dicht aneinander, denn zwifchen ihnen find Schlupfe, in denen das Regenwaffer herabgeleitet wird.« In Quedlinburg gibt es eine Pêrfchlippē, ein Petersgäfschen, jetzt amtlich »Peterslippe« genannt.

Northeim. R. Sprenger.

III. Litteraturanzeigen.

Bergische Ortsnamen. Von Julius Leithaeufer. Elberfeld 1901. XII u. 291 S. 5,00 Mk.

Für die Erklärung niederrheinifcher Ortsnamen ift fchon mancherlei gefchehen: befonders haben fich Ohligfchläger und Crecelius darum verdient gemacht. Doch find die Arbeiten diefer beiden Männer — fie ftammen fchon aus den 60er Jahren — teilweife durch fpätere Forfchungen und Arbeiten überholt. Einzeldeutungen von Ortsnamen find in Zeitfchriften oder fonstwo zerftreut und infolge deffen fchwer erreichbar. Diefen Uebelftänden ift jetzt abgeholfen. Herr Oberlehrer Leithaeufer in Barmen hat, nachdem er fchon in der Zeitfchrift des Bergifchen Gefchichtsvereins (34. Bd., 1898) eine Arbeit über Ortsnamen im Wuppergebiete, die eine Zufammenfetzung mit »Waffer« enthalten, geliefert hatte, nunmehr die Bergifchen Ortsnamen im Zufammenhange zum Gegenftand wiffenfchaftlicher Unterfuchung gemacht. Der erfte Teil derfelben, der die »Naturnamen« umfafst, liegt jetzt vor, als zweiter Teil follen die »Kultur- und Siedelungsnamen« folgen. Behandelt wird I. das Gelände (Berg und Thal, Wafferfcheide, Ebene, Flur; Bodenart, -befchaffenheit, -geftaltung; Graben, Strafse, Weg, Pfad), II. die Gewäffer (Flufs, Bach, Quell, Brunnen; See, Teich, Aue, Lache, Sumpf; Infel, Furt, Brücke, Steg. Dazu eine Reihe einzelner Flufsnamen), III. die Gewächse (Baum, Strauch, Gebüfch, Wald, Rodung; Heide, Weide, Wiefe, Brühl, Bleiche; Acker, Feld, Garten, Pflanzung, Wüstung). Aus diefer kurzen Inhaltsangabe geht fchon die ungemein grofse Reichhaltigkeit des behandelten Stoffes hervor, und ein flüchtiger Blick in das Werk lehrt, welch ungeheuren Fleiss der Verf. darauf verwendet hat, alles Material herbeizufchaffen, zu fichten und zu ordnen. Die fonftigen Vorzüge des Buches lassen fich in folgende 3 Punkte zufammenfaffen: 1. Der Verf. geht auf die älteften erreichbaren Namensformen zurück, 2. er zieht in möglichst ausgiebiger Weife die mundartlichen Formen heran, die ihm bei feiner genauen Kenntnis von Land und Leuten zu Gebote ftehen und vielfach eine von der Schriftform abweichende, den Urfprung der Namen treuer bewahrende Geftalt aufweifen[1]), 3. er verwertet

[1]) Leider verfäumt er es, die Ausfprache der Namen genau anzugeben, fodass man nicht nachprüfen kann, ob die von ihm gegebene Deutung richtig ift. Wird z. B. Hackenberg S. 8 mit »kurzem« oder »langem« a gefprochen? Davon hängt es nämlich ab, ob die gegebene Deutung »Habichtsberg« richtig ift. Dafs ck im Ndd. und fo auch im Bergifchen häufig die »Länge« des vorhergehenden Vokals anzeigt, ift bekannt, ob es aber immer der Fall ift, ift doch fraglich. Ferner erfährt man aber auch nichts über die Qualität der Vokale; fo wird wohl niemand auf den Gedanken kommen, dafs der zwifchen Gräfrath und Sonnborn gelegene Hof Nocken nåken gefprochen wird, eine

die Namen älterer Kataſterkarten und Flurbücher, die eine vortreffliche Ergänzung ſonſtiger Orts- und Flurnamen bilden.

Der Verfaſſer nennt ſein Buch »Bergiſche« Ortsnamen; es finden ſich aber viele Hinweiſe auf Ortsnamen aus andern Gegenden, beſonders aus dem benachbarten Weſtfäliſchen, wie auch umgekehrt Ortsnamen aus andern Gegenden, ſoweit ſie dem Verfaſſer zugänglich waren, und Wörter aus andern Mundarten zur Erklärung der bergiſchen herangezogen werden. Jedem Grundworte iſt eine genaue Etymologie beigegeben, auch iſt auf die Möglichkeit verſchiedener Erklärungen jedesmal hingewieſen.

Es ſei mir geſtattet, einige Bemerkungen hinzuzufügen, von denen ich glaube, daſs ſie ein allgemeines Intereſſe haben. S. 6 Anm. 8 wird von der Form Guodan = Wodan geſprochen und geſagt: »vielleicht iſt dieſer gutturale Anlaut kein Zuſatz«. Er iſt ſicher kein Zuſatz, denn ſonſt hätten die Romanen nicht auf den Gedanken kommen können, germaniſche mit w anlautende Lehnwörter mit gu zu ſprechen, ſie müſſen alſo vor dem w einen Laut gehört haben, der ihrem Ohre wie g klang; ob es wirklich ein g war oder vielleicht der Stimmbänderexploſivlaut, iſt zunächſt gleichgültig. — S. 117 »Vielfach iſt der w-Laut in auwe zu g verhärtet«. Sollte nicht vielleicht eine Form zu Grunde liegen, die beide Laute enthielt, und bald der eine, bald der andere weggefallen ſein? Auffällig bleibt allerdings, daſs in verſchiedenen Mundarten g für w eintritt, ohne daſs zunächſt der Grund erſichtlich wäre. — S. 48 wird unter »kerbe« von einem »euphoniſchen« l geſprochen; beſſer wäre vielleicht von einem l in der Kompoſitionsfuge zu ſprechen, das auch im Hd. vorkommt, z. B. Wendeltreppe. — Der Wechſel von ch und f (S. 30 Anm. 64) findet im Ndd. nur in der Verbindung ſt > cht ſtatt, im Bergiſchen fällt dann das ch unter Diphthongierung des vorhergehenden Vokals weg, alſo verkoft > verkocht[1]) > verkaut; graft (gräfte) > gracht[2]) > jraite »Graben«; *grufti > *grüchte > jröüte[3]) »Rinnſtein«. Das in derſelben Anm. angeführte Stiefbügel = Steigbügel gehört, da hier der Vorgang umgekehrt iſt, nicht hierher, und der Wechſel muſs einen andern Grund haben. — S. 53 klimp. Im Bergiſchen iſt zwar auslautendes b nach m noch erhalten, z. B. kroumb = »krumm«, ſodaſs man klimp wohl mit klimmen zuſammenſtellen könnte. Ob aber das b auch inlautend, und zwar als p erhalten ſein könnte, dürfte doch zunächſt zweifelhaft ſein; in der Solinger Mundart fällt es im Inlaut jedenfalls weg, alſo kaumb (kaump) »Kamm«, aber kaimen »kämmen«, auch tritt in dieſer Ma., wie aus den angegebenen Beiſpielen erſichtlich, vor mb, mp Diphthongierung ein. Doch iſt mir die Ma. der Gegenden, wo Namen wie Klimpenhaus vorkommen, nicht näher bekannt. — S. 122

Ausſprache, die ich von älteren Gräfrathern gehört habe. Für die Erklärung des Namens Solingen iſt es von Wichtigkeit zu wiſſen, daſs die ältere Ausſprache sålich lautet. Das å kann in der Solinger Mundart auf kurzes o oder langes a zurückgehen. Nun aber iſt die älteſte Form Salingen (ob der Perſonenname Salinger daher kommt, weiſs ich nicht; er wäre dann älter als der Name Solger, den Andreſen von Solingen ableitet), und auf dem Titelblatt von Büchern, die in Solingen gedruckt ſind, findet ſich die Form Salingiaci. Es ſcheint demnach, daſs man für die Erklärung nur von der Wurzel sål ausgehen darf.

[2]) holländ.; Mülheim (Ruhr) chekoch, chrach.

[3]) Korr.-Bl. IV S. 27 meint Crecelius fälſchlich, in greute ſei ein r eingeſchoben und das Wort ſei = go·te; dies hat aber andern Vokal und kommt von der √ gut gieſsen.

Anm. 26. 27. Im aſ. giebt es für Bach auch die Form biki. Das Wort Bach ſelbſt iſt urſprünglich nur im Oberdeutſchen masc., im Mitteldeutſchen und Ndd. dagegen fem., vgl. z. B. die Ketzerbach in Marburg: auch die Königsberger (Simon Dach u. a.) gebrauchen es als fem. — Die Gleichung S. 167 Wipper : Wupper = Lippe : Lupia ſtimmt nicht, da die Form mit u bei Lupia die ältere, bei Wupper die jüngere iſt. Flüſſe mit dem Namen Wipper giebt es mehrere; woher kommt aber das u in Wupper? Doch wohl durch die Nachbarſchaft des w, vgl. wohl, Woche. — S. 196 wird ick = eike, êke geſetzt: es entzieht ſich meiner Kenntnis, ob der Uebergang von ei, ê zu i auſser vor h, r, w möglich iſt. Und wie wird das i in dem Worte geſprochen? vgl. oben Anm. 1. — S. 200 Anm. 56. Dasſelbe Wort (ſchwed. elf) ſteckt auch in Elbe; es muſs genauer heiſsen: Elbe (plattdeutſch Elf) iſt dasſelbe Wort. — S. 240 Anm. 146 wird geſagt, Wald heiſse bergiſch wold: dies iſt wohl die in Barmen gebräuchliche Form, in Solingen würde es wauld heiſsen, wenn es vorkäme[1]), vgl. auld »alt«, kauld »kalt«. Ueberhaupt führt L. als bergiſch mit Vorliebe die ihm geläufigen Barmer Formen an, während die Mundart des oberen Kreiſes Solingen einen ganz andern Vokalismus aufweiſt.

Auch ſonſt bedürfen die Angaben über Wörter und Formen der bergiſchen Mundart mehrfach einer Berichtigung und Ergänzung. Das Wort Foche S. 26 hat in Solingen auſser der von L. angeführten noch die Bedeutung »Klappe im Ofenrohr oder Küchenherd«. — S. 89 Anm. 216 wird behauptet, deuen, döüen ſei = drücken; das iſt falſch, es iſt = mhd. diuhen, mnd. duwen, douen. Es wird allerdings im Bergiſchen hd. durch drücken wiedergegeben, dabei iſt aber zu bemerken, daſs man im Bergiſchen auch drücken ſagt in Fällen, wo man anderswo ſchieben gebraucht. Iſt alſo in döüen nicht gg ausgefallen, ſo wird auch der Ausfall in bröü »Brücke« zweifelhaft; vielleicht liegt hier eine andere Form zu Grunde, vgl. dän. bro. — S. 130 Anm. Halfe bedeutet in der Solinger Gegend »Mieter«. — Von »Ufer« wird S. 157 geſagt: »Unſere heutigen nrh. und wf. Mundarten kennen das Wort nicht mehr«. Das verſtehe ich nicht. In Solingen und Umgegend wird es noch häufig gebraucht in der Bedeutung »ſteil anſteigende Erhebung«. — S. 193 Anm. 37. »Eine eigentümliche Verwendung findet dick, deckes, döckes . . . in der Bedeutung oft.« Es iſt einfach das mhd. dicke, mnd. dücke mit angehängtem s, wie es ſich im Ndd. häufig findet. — S. 220. Bergiſch nd oft = ng. In echt ndd. Wörtern wird nd immer zu ng.

An ſonſtigen Einzelheiten iſt noch folgendes zu bemerken. S. 4 wird Bernebecke wohl mit Unrecht zu dem Stamme barm gezogen. S. 16 Anm. 31 wird Dirksen zitirt, ohne daſs ein Werk näher angegeben wäre. S. 22 wird das Wort ebbe als fem. verzeichnet, dem widerſprechen einige der aufgeführten Namen: im Ebbe, aufm Ebbe. Könnte vielleicht S. 91 ſondern, ſundern mit »Süden« zuſammenhangen? S. 133 Anm. 53 konnte zu dem engl. fleet »abrahmen« hannov. Flott, dän. fløde »Rahm« hinzugefügt werden. Ueber Lache S. 137 vgl. jetzt Kluge, Zeitſchr. f. deutſche Wortforſchg. II 283. Zu ſalhund S. 151 iſt dän. sælhund

[1]) Der Ort Wald bei Solingen heiſst ndd. Waul, hier fehlt das d, weil es urſpr. im Inlaut ſtand (Walde), vgl. baul = balde, kaulen = kalten usw.

zu vergleichen; ob der erſte Beſtandteil = »See, Meer« iſt, weiſs ich nicht, da »See« dän. ſø (auch ſjø) heiſst. Sollte Dorn S. 194 nicht eine weitere Bedeutung als die von »Dornbuſch« haben und z. B. »Brombeerſtrauch« bedeuten können? Bei wanne S. 203 wäre zu fragen, ob es nicht zuweilen die gewöhnliche Bedeutung von Wanne, d. h. Mulde haben könnte. Unter mark S. 224 Anm. ist auf an. mörk »Wald« verwieſen, demnach müſste der Stamm markw- heiſsen, da ö der u-Umlaut von a ist; vielleicht gehört das an. Wort zu dän. mørk »dunkel«.

Wenn erſt der zweite Teil dieſes Werkes, dem hoffentlich auch ein alphabetiſches Verzeichnis und eine Erklärung der Beſtimmungswörter beigegeben wird, vorliegt, wird man wichtige Ergebniſſe über die Wanderungen der Stämme, über die Art ihrer Anſiedelungen, über Anſiedelungsperioden, vielleicht auch über Dialektverſchiebungen u. a. daraus ableiten können. Es wäre zu wünſchen, daſs ſich der Verf. auch mit dieſen Fragen, die er in der Einleitung ſchon berührt, eingehender beſchäftigte. Jedenfalls hat er aber auch ſo ſchon ein für jeden Ortsnamenforſcher wichtiges Werk geliefert.

Solingen. J. Bernhardt.

Clara Holst, Mnt. omlydsforhold belyst ved danske laanord. Arkiv for nordisk Filologi XVIII, 210—25.

Die Verfaſſerin liefert den ſichern Nachweis, daſs mnd. ô und o in den däniſchen dem Mnd. im 14.—15. Jh. entlehnten Fremdwörtern als ö, ö und u als y auftreten. — Auch aus andern Erſcheinungen, z. B. in den jetzigen Mundarten, geht ja hervor, daſs der Umlaut in mnd. Zeit durchgeführt war. Warum hat ihn aber die Schrift nicht bezeichnet? Wahrſcheinlich war es — wie auch Cl. Holst andeutet, der Einfluſs der umlautloſen Weſtniederländer, der zur Zeit der Entſtehung des mnd. Schriftweſens die Kennzeichnung der umgelauteten Vokale im Intereſſe einer möglichſten Schrifteinheit von Dünkirchen bis Riga verhindert hat.

Osnabrück. H. Jellinghaus.

Notizen und Anzeigen.

Beitragszahlungen ſind an unſern Kaſſenführer Herrn Joh^s E. Rabe, Hamburg 1, gr. Reichenſtraſse 11, zu leiſten.

Veränderungen der Adreſſen ſind gefälligſt dem genannten Herrn Kaſſenführer zu melden.

Beiträge, welche fürs Jahrbuch beſtimmt ſind, belieben die Verfaſſer an das Mitglied des Redactions-Ausſchuſſes, Prof. Dr. W. Seelmann, Charlottenburg, Peſtalozziſtraſse 103, einzuſchicken.

Zuſendungen fürs Korreſpondenzblatt bitten wir an Dr. C. Walther, Hamburg 8, Krayenkamp 9, zu richten.

Bemerkungen und Klagen, welche ſich auf Verſand und Empfang des Korreſpondenzblattes beziehen, bittet der Vorſtand direct der Expedition, »Diedrich Soltau's Verlag und Buchdruckerei« in Norden, Oſtfriesland, zu übermachen.

Für den Inhalt verantwortlich: Dr. C. Walther in Hamburg.
Druck von Diedr. Soltau in Norden.

Ausgegeben: April 1902.

Register*) zu Heft XXII

von

W. Zahn.

Sachen.

*) Die eingeklammerten römischen Ziffern weisen auf die früheren Hefte.

Wörter*) und Wortbestandteile.

*) ? vor mittelniederdeutschen Wörtern bedeutet, dass diese überhaupt oder nach ihrer Form oder in einer besonderen Bedeutung im Wörterbuch von Schiller und Lübben vermisst werden.

Anzeigen und Besprechungen.

Verzeichnis der Mitarbeiter

am zweiundzwanzigsten Jahrgange des Korrespondenzblattes.

R. Andree.
F. Bachmann.
J. Bernhardt.
C. Borchling.
M. Börsmann.
W. Busch.
H. Carstens.
E. Damköhler.
L. Frahm.
R. Hansen.
Harzen-Müller.
Hille.
Hünnekes.
H. Jellinghaus.
O. Knoop.
F. Kohn.
K. Koppmann.
E. Kück.
A. Leitzmann.
R. M. Meyer.
F. v. Oefele.
Th. Reiche.
W. Rimpau.
M. Roediger.
F. Sandvoss.
C. Schumann.
J. Schuster.
W. Seelmann.
R. Sprenger.
F. Techen.
E. Wadstein.
C. Walther.
J. Winkler.

Druckfehler.

S. 1, Z. 5 v. u. lies Busch statt Volsch.
S. 6, Z. 9 v. u. lies Fidikân statt Fidlkâns.
S. 7, Z. 10 v. u. lies Freude statt Freud.
S. 9, Z. 21 v. o. lies lachen statt laufen.
S. 9, Z. 2 v. u. und S. 10, Z. 1 v. o. lies Husteer statt Hustener.
S. 20, Z. 22 v. o. lies auf die statt die
S. 41, Z. 2 v. o. lies Diefenbach statt Dlefenbach.
S. 41, Z. 14 v. o. lies 306 statt 630.
S. 49, Z. 15 v. u. lies ·taldich statt taldich.
S. 59, Z. 1 v. o. lies XXII 18 statt XX, 18.
S. 90, Z. 23 v. o. lies entſprechen statt entesſprechen.
S. 91, Z. 3 v. o. lies adverbiell statt adverbiel.
S. 96, Z. 12 v. u. lies mittelniederdeutſchen statt niederdeutſchen.

www.ingramcontent.com/pod-product-compliance
Lightning Source LLC
Chambersburg PA
CBHW031403160426
43196CB00007B/879

* 9 7 8 3 7 4 1 1 7 2 1 9 9 *